PROGRAMME 777

EXHORTATION DU JOUR
2 Cycles du programme

MARTINE WILKIE

ISBN : 171718542
ISBN : 13 :9781717185143

DÉDICACE

Ce livre est dédié à mon Seigneur, mon Sauveur, Yeshua, Jésus-Christ qui a complètement changé ma vie et qui m'a donné la vrai liberté ! Il n'y a pas de mot pour exprimer ma reconnaissance et mon amour pour mon Dieu ! Ma victoire est totalement pour Sa Gloire. Pour toujours je serai reconnaissante de cette victoire absolue !

Psaumes 139. 13-14

C'est toi qui as formé mes reins, Qui m'as tissé dans le sein de ma mère. Je te loue de ce que je suis une créature si merveilleuse. Tes oeuvres sont admirables, Et mon âme le reconnaît bien.

Jour 1

ÉLARGISSEZ VOS LIMITES !

Or, à celui qui peut faire,
Par la puissance qui agit en nous,
Infiniment au-delà
De tout ce que nous demandons ou pensons
Eph 3.20

Aujourd'hui, Élargissez vos limites ! Étendez vos limites pour meilleur encore, plus que nécessaire, plus qu'assez, plus que le normal, plus, plus, plus! !!

Le monde vit dans des limites du possible, mais quiconque naît du Dieu illimité verra ses limites s'étendre de gloire en gloire dans la connaissance de la révélation de Christ.

Le programme 777 est un outil extraordinaire pour vous présenter les révélations que contient la Parole de Dieu pour votre liberté et qui vous *donneront des résultats concrets pour votre liberté avec la nourriture et la minceur. Et elles sont étroitement liées à l'extension de vos limites et à la vision que vous entretiendrez tout au long de votre parcours à travers ce programme.*

Vos limites sont étroitement liées à votre vision. Plus grande est votre vision, plus grands seront les résultats ! Vous obtiendrez, non seulement, ce que vous avez vu, demandé, mais vous aurez au-delà avec la Parole !
La puissance de Dieu qui agit à travers vous, vous comblera au-delà…
Alors dès maintenant, élargissez votre perception, votre vision car Dieu fera encore plus que ce que vous avez même imaginé ou pensé ! Oh, que c'est beau et que c'est bon !

Votre coach, Martine

CESSEZ DE LUTTER CONTRE VOTRE CORPS
LUTTEZ CONTRE LA RÉSISTANCE SPIRITUELLE ET
VOUS SEREZ LIBRE !

RÉFLEXION PERSONNELLE

Jour 2

SOYEZ FERMES & INÉBRANLABLES !

Mais grâces soient rendues à Dieu,
Qui nous donne la victoire par notre Seigneur Jésus Christ !
Ainsi, mes frères bien-aimés, soyez fermes, inébranlables,
travaillant de mieux en mieux à l'œuvre du Seigneur,
Sachant que votre travail ne sera pas vain dans le Seigneur.
1 Cor. 15.57-58

Lorsque j'ai réalisé que le problème avec mon corps et la nourriture n'était pas physique ni charnel mais plutôt spirituel, le travail que j'avais à faire pour le régler a complètement changé de perspective. La victoire n'était plus associée à une diète ou un produit, mais elle allait venir par mon Seigneur Jésus-Christ ! Alléluia !

Cela change toute la dimension du combat. Mon travail et mon énergie pour obtenir la transformation de MON CORPS ET vaincre la dépendance envers LA NOURRITURE ont été investis en Jésus-Christ et la Parole de Dieu. Je devais donc retirer de mon esprit toute la programmation sur les diètes et la minceur véhiculée par les médias, les publicités et même par mes amis ou ma famille.

Lorsque nous décidons de mettre notre confiance, notre espérance et notre foi dans le Seigneur, nous sommes assurés d'une victoire complète et permanente. Nous devons premièrement comprendre que le problème vient de l'ennemi…

On doit sortir de notre vie et de notre corps cet illégal qui fait tout pour ne pas être reconnu, le diable…, Il est venu pour voler, détruire, égorger. Il ne veut surtout pas être dévoilé car il fait des millions de profits avec toutes sortes de produits et diètes. Tant de vies sont détruites, tant de santés sont bousillées lorsqu'il remporte la palme.

Alors METTONS-LE À LA PORTE. En devenant de plus en plus fermes, inébranlables dans le Seigneur et en mettant notre foi en action, nous déclencherons la puissance de Dieu et nous vaincrons !

Notre travail n'est pas vain dans le Seigneur avec le programme 777 tiré de la Parole de Dieu ! Continuons à faire le bon combat de la foi. Notre corps portera fièrement les fruits de la manifestation du Royaume de Dieu !

Votre coach, Martine

LORSQUE NOUS DÉCIDONS
DE METTRE NOTRE CONFIANCE,
NOTRE ESPÉRANCE ET NOTRE FOI DANS LE SEIGNEUR,
NOUS SOMMES ASSURÉS
D'UNE VICTOIRE COMPLÈTE ET PERMANENTE

RÉFLEXION PERSONNELLE

RÉFLEXION PERSONNELLE

Jour 3

DIEU NE VOUS DÉCEVRA JAMAIS !

*Heureux serez-vous, lorsqu'on vous outragera,
Qu'on vous persécutera et qu'on dira faussement de vous toute sorte
de mal, à cause de moi. Réjouissez-vous et soyez dans l'allégresse,
Parce que votre récompense sera grande dans les cieux; car c'est
ainsi qu'on a persécuté les prophètes qui ont été avant vous.
Mathieu 5:11-12*

Lorsque nous récitons ce verset directement sorti de la bouche de Jésus-Christ, nous ne sommes pas nécessairement dans la joie... Se faire persécuter... Aucun être humain n'aime se faire outrager, et ce, injustement... Pourtant, Jésus-Christ, lui-même, dit : « Heureux serez-vous...» Pourquoi être heureux d'être persécuté lorsque nous décidons de marcher sans compromis avec le Seigneur ? Parce que notre récompense est grande ! Chaque fois que l'outrage vient, il y a une récompense qui suit... C'est la même situation que nous pouvons retrouver avec le programme 777.

Le fait de décider de marcher totalement avec Dieu et d'y mettre toute notre confiance en ce qui concerne la liberté avec la nourriture et le corps peut provoquer la persécution même de la part de nos frères et sœurs. Ils peuvent se moquer, dire des faussetés, vouloir même ébranler notre foi... Mais restons ferme... Car notre récompense sera grande !
C'est ainsi qu'on a vu Daniel être persécuté, jeté aux lions mais sa récompense fut grande...

C'est ainsi que David fut persécuté, par ses frères. Ils riaient de lui parce qu'il mettait sa confiance absolue en Dieu pour renverser le géant Goliath... Mais sa récompense fut grande ! Et c'est ainsi, aussi, que notre récompense sera grande !!!

Mettons notre confiance en Dieu, réjouissons-nous si la persécution vient, car notre récompense sera grande !

Votre coach Martine

METTEZ VOTRE ENTIÈRE ESPÉRANCE
EN DIEU CAR IL EST VOTRE SOLUTION !

RÉFLEXION PERSONNELLE

AYEZ CONFIANCE EN DIEU

La gloire de cette dernière maison
Sera plus grande que celle de la première,
Dit l'Éternel des armées ;
Et c'est dans ce lieu que je donnerai la paix, dit l'Éternel
des armées

Aggée 2.9

Avec Dieu, lorsque nous marchons en obéissance avec Sa Parole et ses principes, nous allons toujours de gloire en gloire ! Il est impossible de reculer avec le Seigneur... «IMPOSSIBLE !» À moins de désobéir à ce qu'il a demandé et de craindre l'adversaire (Nb. 13.30, Deut. 28)

Le problème que l'ennemi a créé dans cette génération, est la crainte de la nourriture !!! *« Ce que tu crains, c'est ce qui t'atteint »* (Job 3.25). La crainte d'engraisser en mangeant telle ou telle chose a entraîné un problème mondial que nul n'est apte à régler définitivement. C'est le temps maintenant d'une révolution dans le peuple de Dieu !

1. **DEHORS LE PÉCHÉ DE GLOUTONNERIE**

et

2. GLOIRE À DIEU POUR LA BONNE NOURRITURE QUE NOUS DÉGUSTONS **SANS LA PEUR D'ENGRAISSER !**

Deux principes vitaux pour votre victoire absolue !

Dieu veut que votre corps soit meilleur dans votre futur que votre passé et que vous soyez dans la paix ! La paix que Dieu seul peut donner !

Aujourd'hui déclarez que votre dernière maison (votre corps) sera meilleure que la première ! Décrétez que c'est un temps de paix et de repos dans votre âme et votre corps ! Terminé le tourment et la peur... Gloire à Dieu pour votre Foi dans Sa Parole !

Votre coach Martine

RÉFLEXION PERSONNELLE

Jour 5

VOUS ÊTES LIBRE !

Comme l'oiseau s'échappe,
Comme l'hirondelle s'envole,
Ainsi la malédiction sans cause n'a point d'effet.
Prov.26.2

Après 33 ans de vie chrétienne, je n'avais jamais réalisé que la maladie, l'obésité, le tourment, le manque, la domination faisaient partie des conséquences de la malédiction qui est entrée dans le monde dû au péché (Gen 2) !!!

Je n'avais pas compris, non plus, que Jésus avait tout payé à la croix pour me racheter de la malédiction de la loi du péché (Gal 3.13) et que j'étais maintenant sous la bénédiction (Col 1.13).
Nous périssons faute de connaissance… (Osée 4.6)

Maintenant, nous devons réaliser ce que Prov. 26 ; 2 dit…
Il n'y a pas de raison qu'une malédiction reste dans notre vie si elle est sans cause… c'est-à-dire si nous ne pratiquons pas un péché qui amène cette malédiction, elle ne peut rester dans notre vie, ni ses conséquences !

Tel qu'il est écrit dans 1 Jean 5 ; 18 :
*Nous savons que quiconque est né de Dieu ne pèche point ; mais celui qui est né de Dieu **se garde** lui-même, et le malin ne le touche pas.*

Puisque vous vous êtes repenti du péché de gourmandise et que vous ne le pratiquez plus, la malédiction est maintenant sans cause et n'a donc plus d'effet sur votre corps ! Alléluia ! La nourriture est une bénédiction, elle n'est plus votre ennemi et votre réel ennemi maintenant s'appelle « gourmandise » !

Votre coach Martine

LA NOURRITURE
N'EST PLUS VOTRE ENNEMI !

RÉFLEXION PERSONNELLE

Jour 6

LA TRANSFORMATION VA OPÉRÉE

Si du moins vous l'avez entendu, et si,
Conformément à la vérité qui est en Jésus,
C'est en lui que vous avez été instruits à vous dépouiller, eu
égard à votre vie passée,
Du vieil homme qui se corrompt par les convoitises trompeuses, à
être renouvelés dans l'esprit de votre intelligence, et à revêtir
l'homme nouveau, créé selon Dieu dans une justice et une
sainteté que produit la vérité.
Éphésiens 4 : 21-24

La déprogrammation et la reprogrammation sont tellement importantes. Il faut lutter, vous discipliner en tant que nouvelle créature. Vous n'aurez pas d'autres choix que de voir des résultats impressionnants car vous n'êtes plus une créature du passé. Vous êtes devenu une nouvelle personne en Jésus-Christ ! Par la connaissance de la Parole de Dieu, de sa volonté concernant votre corps, votre minceur et votre liberté avec la nourriture, vous êtes en train de vous libérer du vieil homme, de votre ancien corps et de revêtir le nouvel homme, le nouveau corps en Jésus-Christ. Vous ressemblez de plus en plus à Jésus-Christ !

Les malédictions des générations ne font plus partie de votre vie nouvelle en Jésus-Christ. Vous avez maintenant une nouvelle identité en Jésus-Christ et vous renoncez à l'ancienne ! Vous renoncez aussi aux mauvaises programmations développées dans votre ancienne vie! Vous avez le pouvoir en Jésus-Christ de transformer vos pensées sur la nourriture et sur votre corps en semant jour après jour la Parole de Dieu. Vous avez besoin de la Parole de Dieu à tous les jours pour être sanctifié dans la vérité ! Jésus vous donnera une nouvelle maturité de pensée car vous avancez dans votre démarche de nouvelle programmation. Faites une nouvelle conquête à chaque jour, poussez plus loin ! Gagnez du terrain sur le diable… Affamez-le !!! Affirmez votre autorité et soyez soumis à la Parole de Dieu et à la Volonté de Dieu dans votre vie !

Votre coach Martine

DÉPOUILLEZ-VOUS DU VIEUX CORPS ET REVÊTEZ VOTRE NOUVEAU CORPS CRÉÉ SELON DIEU ! C'EST VOTRE TEMPS, C'EST VOTRE SAISON !

RÉFLEXION PERSONNELLE

Jour 7

VOTRE COMBAT EST SPIRITUEL !

Si nous marchons dans la chair,

Nous ne combattons pas selon la chair.

Car les armes avec lesquelles nous combattons ne sont pas charnelles ; mais elles sont puissantes,

Par la vertu de Dieu, pour renverser des forteresses.

2 Corinthiens 10 : 3-4

Quel verset révolutionnaire ! Avez-vous pris le temps de vous arrêter et de méditer ce verset ? Il nous révèle que toute situation de combat est de nature spirituelle et non de nature charnelle ! Toutes ! Ce qui inclut notre lutte contre l'obésité et les problèmes alimentaires. La science n'arrive pas à solutionner à long terme ce problème de santé qui est même devenu un problème de santé publique. Une quantité industrielle de produits diététiques, de régimes, de pilules ont envahi le marché mais rien de tout cela n'arrive à éliminer, à éradiquer l'obésité ou les problèmes reliés à une trop grande consommation de nourriture.

Jésus-Christ est la SOLUTION ! OUI, LA SOLUTION ! Ce verset nous montre que les armes que nous avons avec Jésus-Christ sont plus puissantes que les malédictions de l'ennemi ! Alléluia

NOUS AVONS LA VICTOIRE DANS NOTRE ÂME ET NOTRE CORPS ! Gardons les yeux sur le bon combat, restons fermes, ne nous compromettons pas, utilisons les armes spirituelles et nous verrons la Victoire absolue et définitive de notre âme et de notre corps !

DÉPROGRAMMONS-NOUS ! L'EMBONPOINT NE VIENT PAS DE LA NOURRITURE. NON ! L'EMBONPOINT VIENT DU PÉCHÉ DE GLOUTONNERIE ! Saisissons les armes et terrassons cet adversaire pour toujours !

Votre coach Martine

LA SOLUTION POUR L'EMBONPOINT EST JÉSUS-CHRIST

RÉFLEXION PERSONNELLE

Jour 8

VOTRE LIBERTÉ EST EN JÉSUS-CHRIST

Mais grâces soient rendues à Dieu,
Qui nous donne la
***victoire** par*
Notre Seigneur Jésus
Christ !
1Cor 15.57

Jamais, mais jamais, je n'ai réussi à avoir une réelle liberté dans Mon âme et mon corps avec les diètes ! JAMAIS…

Les diètes sont à l'antipode de la volonté de Dieu dans notre vie, comme la gloutonnerie est aussi contraire à ce qu'Il veut pour nous ! L'un comme l'autre est en dehors du plan de Dieu pour nous !

Jésus est venu pour nous rendre libre (Jean 8.36) et nous donner la vie en abondance (Jean 8.32).

Les diètes = captivité et restrictions
Jésus= liberté et abondance

Ce n'est pas l'abondance qui n'est pas bon, mais l'excès !!! **La gourmandise est un péché (et un péché amène une malédiction) et détruit le corps… Voilà la racine du problème !!!**

Lorsque vous saisissez profondément cette révélation dans le plus creux de votre âme, la perception du combat contre l'embonpoint change complètement de perspective !!! Les armes utilisées aussi changent et la source de la victoire DEVIENT JÉSUS-CHRIST !

C'est seulement en Jésus que vous trouverez la pleine liberté dans tous les domaines de votre vie incluant votre estime, avec la nourriture et votre minceur ! Mettez en lui toute votre confiance et vous verrez qu'il n'est pas un homme pour mentir ! Il agit encore puissamment aujourd'hui !

Votre coach Martine

LA VICTOIRE DANS NOTRE CORPS ET NOTRE ÂME VIENT PAR NOTRE SEIGNEUR JÉSUS-CHRIST !

RÉFLEXION PERSONNELLE

Jour 9
VOUS-ÊTES LIBRE ET MINCE !

Et Jésus, connaissant leurs pensées, dit :
Pourquoi avez-vous de mauvaises pensées
Dans vos cœurs ?
Car, lequel est le plus aisé de dire :
« Tes péchés sont pardonnés », ou de dire : « Lève-toi,
et marche » ?
Or, afin que vous sachiez que le Fils de l'homme a sur la terre le
pouvoir de pardonner les péchés :
« Lève-toi », dit-il au paralytique,
« Prends ton lit, et va dans ta maison ».
Mathieu 9 : 4-6

Lorsque Jésus est venu sur cette terre, la PAROLE FAITE CHAIR, et qu'il enseignait au peuple, il provoquait la colère des Pharisiens. Il les ébranlait dans leur entendement car son enseignement ÉTAIT SI DIFFÉRENT de celui qu'ils avaient reçu. Jésus voulait amener une révolution avec la nouvelle alliance.

Restons calmes lorsque les gens réagissent mal ou plus ou moins adéquatement aux révélations que nous recevons... Bénissons nos ennemis et restons ferme dans notre foi !

Jésus a dit : « Quelle différence y a-t-il entre tes péchés te sont pardonnés et lèves-toi et marche ?» Lorsque nous connaissons le combat spirituel, nous savons que c'est le péché qui amène la malédiction.

Pas de péché, pas de malédiction...

Nous avons été lavés dans le sang de l'agneau. Nos péchés ont été effacés... Nous avons été pardonnés ! **Alors quelle différence y a-t-il si on dit : « Le péché de gourmandise est pardonné et lèves-toi, tu es mince » ?**
Oh ! Alléluia ! RECEVONS CETTE RÉVÉLATION ET ACCEPTONS-LA !

Votre coach Martine

QUELLE DIFFÉRENCE Y A-T-IL ENTRE
TES PÉCHÉS TE SONT PARDONNÉS
ET LÈVES-TOI ET MARCHE ?

RÉFLEXION PERSONNELLE

Jour 10

SOYEZ TOUJOURS HUMBLE FACE À DIEU !

Tu mettais le sceau à la perfection,
Tu étais plein de sagesse, parfait en beauté....
Ton cœur s'est élevé à cause de ta beauté, Tu as
corrompu ta sagesse par ton éclat ;
Je te jette par terre, Je te livre en spectacle aux rois
Ez.28.12, 17

Ce passage de la Parole de Dieu est adressé à Lucifer qui était le plus bel ange au ciel et qui s'est enorgueilli jusqu'à vouloir prendre la place de Dieu... Il a perdu alors tout son éclat et a été jeté par terre...

Ouffff ! Nous devons absolument **réaliser l'ampleur de notre attitude face à Dieu !** Il ne veut pas que nous nous élevions au- dessus de ce qui est la source de notre bénédiction dans notre vie ! Il veut être glorifié et qu'à Lui seul vienne toute la gloire. Dieu veut que nous soyons bénis et prospères à tous égards. Il veut que sa gloire se reflète sur nous, et que nous l'élevions, Lui, et non nous...

La beauté vient de Dieu !!! Satan, qui était Lucifer, a tout perdu son éclat et sa beauté. Aujourd'hui, lorsqu'il vous regarde, il voit la gloire de Dieu, la beauté qu'il a ruinée et il déteste se remémorer cela. Il s'acharne donc à détruire la création de Dieu et il cherche par tous les moyens possibles de vous enlever ce que vous avez aussi, splendeur et éclat...

Alors, en réalisant cela, reprenons le territoire de notre beauté en Jésus-Christ et soyons dès maintenant fière de contempler l'être magnifique que nous sommes ! Satan sera anéanti ! Sortons les vieilles pensées mensongères de l'esprit de vipère (religieux) que la beauté n'est pas de Dieu !!!! MENSONGE ! Il est temps que nous reflétions la gloire de Dieu à tous égards incluant notre apparence car nous sommes des représentants personnels de
Jésus-Christ ! (2cor 5.20)

Votre coach Martine

LA BEAUTÉ VIENT DE DIEU !!!

RÉFLEXION PERSONNELLE

Jour 11

OUI VOUS LE POUVEZ !

Je peux tout,
Grâce à celui qui me fortifie
Philippiens 4 : 13

Aujourd'hui, la Parole de Dieu est déversée dans votre âme et votre esprit. Oui vous pouvez... Et vous allez y arriver ! Lorsque vous décidez de faire un pas, Dieu fait l'autre. Sa puissance est avec vous. Marchez dans le surnaturel pour vos victoires. Votre corps reçoit de la puissance du Seigneur ! Vous pouvez tout, tout, tout, même voir votre âme et votre corps être délivrés complètement. C'est là... C'est en train de s'accomplir puissamment, merveilleusement, au-delà et encore plus! Dieu est fidèle à sa Parole ! Il ne ment pas ! Ce qu'il a accompli il y a 2000 ans est encore vrai pour nous aujourd'hui ! Votre corps n'a plus à être dans la malédiction. Il est libre, libre, libre !!!

Dieu vous fortifie aujourd'hui, il relève celui qui est fatigué, il vous donne ce que votre cœur désire ! Il est là pour vous ! Il vous soutient, il vous guide, il vous donne la paix, il vous donne sa joie... RECEVEZ, RECEVEZ, RECEVEZ !!!

Aujourd'hui, c'est la journée pour reprendre le focus encore plus fort. Mettez vos yeux sur le futur que Dieu a pour vous ! Tout est possible à celui qui croit ! Alléluia ! Vous y arrivez, vous avez votre victoire, c'est là... CONTINUEZ, CONTINUEZ, vous verrez la gloire de Dieu !

Dites-le haut et fort : "Je peux tout par celui qui me fortifie, je peux tout !"

Votre coach Martine

AUJOURD'HUI, C'EST LA JOURNÉE POUR REPRENDRE LE FOCUS ENCORE PLUS FORT. METTEZ VOS YEUX SUR LE FUTUR QUE DIEU A POUR VOUS !

RÉFLEXION PERSONNELLE

Jour 12

SOYEZ FERME !

Ainsi, mes frères bien-aimés, soyez
Fermes, inébranlables, travaillant de mieux en
Mieux à l'oeuvre du Seigneur, sachant que votre travail ne sera
pas vain dans le Seigneur
1 Corinthiens 15 : 58

Nourrissez constamment votre foi par la Parole de Dieu. Votre corps a besoin de se nourrir pour être en santé. Votre âme, elle, a besoin aussi de se nourrir de la Parole de Dieu pour être en santé. Votre travail n'est pas vain dans le Seigneur. Devenez inébranlable dans votre foi. La victoire dans votre corps et votre âme en dépend !

En cette journée, faites cette prière :

'Seigneur, merci pour ta présence en ce moment dans ma vie. Je te souhaite la bienvenue Saint-Esprit ! Donne-moi les forces nécessaires en cette journée pour passer au travers de tous les doutes, de toutes les pensées, de toutes les persécutions, de tourtes les injustices et de toutes les résistances que l'ennemi essaie de m'inculquer.

Je me déprogramme du passé et de tous les mensonges du malin. En action, je me reprogramme selon la Parole de Dieu. La victoire est mienne ! Merci Seigneur car avec la puissance du Saint-Esprit, mes pensées se renouvellent et se transforment par ta Parole. Mon corps se replace surnaturellement. Mes pensées et mes émotions sont entourées par la protection du Seigneur. En optant pour le bon combat de la foi, je m'affermis en elle dans le nom puissant de Jésus-Christ, Amen !

Votre coach Martine

TOUTES LES GRANDES VICTOIRES PRENNENT LEUR SOURCE DANS UNE FOI INÉBRANLABLE !

RÉFLEXION PERSONNELLE

Jour 13

LA LIBERTÉ EST LÀ !

Or, le Seigneur c'est l'Esprit ;

Et là où est l'Esprit du Seigneur, là est la liberté.

2 Cor 3.17

Dieu est un Dieu de liberté ! Il a envoyé son fils pour nous sauver et nous rendre LIBRES ! Sa Puissance est pour nous... afin que nous soyons LIBRES ! Les portes de l'enfer ne prévaudront point contre son église ! C'est-à-dire vous et moi !!!

Vous êtes LIBRE de tout ce que l'ennemi veut tenir contre vous !

Je parle Jésus... Le sang de Jésus contre les forces de l'enfer qui s'acharnent sur vous ! Contre toutes pensées contraires à la Parole de Dieu ! Dieu ne nous a pas donné un esprit de timidité, mais de puissance, d'amour et de sagesse !
Que les œuvres de l'ennemi soient détruites dès maintenant dans le nom de Jésus-Christ ! Je parle la guérison, je parle la délivrance, je décrète la paix d'esprit dès maintenant dans le nom de Jésus-Christ ! **Je viens contre toutes malédictions générationnelles et je plaide le sang de Jésus sur vous ! Vous êtes libre À L'INSTANT MÊME !**

Je viens contre toutes forces qui attaquent votre âme et votre corps dans le nom de Jésus-Christ !

Je parle une atmosphère de changement, de puissance, d'amour et de sagesse sur vous dès maintenant ! Je parle la VIE, la LIBERTÉ SUR VOTRE CORPS ET VOTRE ÂME MAINTENANT !

Aujourd'hui, je prends autorité sur toutes forces démoniaques qui voudraient voler votre espoir, votre zèle, votre encouragement, votre détermination... Toutes résistances s'écroulent maintenant car l'Esprit de Dieu est là et c'est la LIBERTÉ !

Votre coach Martine

VOUS ÊTES LIBRE DE TOUT CE QUE L'ENNEMI VOUDRAIT TENIR CONTRE VOUS !

RÉFLEXION PERSONNELLE

Jour 14

PRENEZ AUTORITÉ !

Ayez du zèle, et non de la paresse.
Soyez fervents d'esprit.
Servez le Seigneur. Réjouissez-vous en espérance.
Soyez patients dans l'affliction.
Persévérez dans la prière.
Romains 12.11-13

Dans ce passage, l'apôtre Paul prend le temps d'écrire cette lettre aux croyants afin de leur recommander de ne pas être paresseux et d'avoir du zèle ! Dieu veut que vous soyez vaillant et travaillant avec la joie au cœur, même si certaines journées l'ennemi fait tout pour vous l'enlever. Vous devez parler à vos émotions, aux circonstances, à l'ennemi et refusez de vous faire voler votre joie et votre persévérance !

Lorsque vous n'avez pas le goût de vous entraîner, de bouger, de faire vos confessions, de continuer dans la direction indiquée par le programme 777, vous devez **ABSOLUMENT** chasser cet esprit de lourdeur et de paresse qui vous arrête dans votre cheminement vers la victoire ! Chassez cet esprit générationnel qui renforce l'idée que personne dans votre famille ne s'entraîne ou n'aime bouger. Chassez cet esprit, voleur de votre zèle, qui vous conduit au découragement. Chassez cet esprit de lourdeur rempli de pensées négatives. Soyez honnête avec vous-même et demandez-vous si vous n'êtes pas quelquefois sous l'influence de cet esprit.

C'est votre temps de victoire, soyez patient dans le combat et persévérez dans la prière. Ne vous relâchez pas ! Parlez à l'ennemi et chassez-le de votre vie ! Les habitudes de sédentarité vont disparaître petit à petit. Ainsi vous changerez cette atmosphère de lourdeur en atmosphère de joie !

Votre coach Martine

PARLEZ À VOS ÉMOTIONS, AUX CIRCONSTANCES, À L'ENNEMI…ET REFUSEZ DE VOUS FAIRE VOLER VOTRE JOIE ET VOTRE PERSÉVÉRANCE !

RÉFLEXION PERSONNELLE

Jour 15

POSITIONNEZ-VOUS À RECEVOIR !

Ce qui est tombé dans la bonne terre,
Ce sont ceux qui, ayant entendu la parole
Avec un cœur honnête et bon, la retiennent, et portent du fruit
avec persévérance
Luc 8.15

Un cœur qui est honnête est une bonne terre. Cette bonne terre doit retenir la Parole de Dieu et elle portera du FRUIT !

En tant que croyant, vous devez **recevoir la Parole de Dieu comme un enfant avec** un cœur simple et plein de foi. Il faut recevoir ce que Dieu dit et continuer sans relâche dans ses promesses pour votre vie. Ce n'est pas votre responsabilité de planifier comment Dieu le fera. Votre travail est de mettre votre foi comme un enfant que Dieu le fera peu importe le comment !

Vous DEVEZ PARSEMER VOTRE CŒUR, À TOUS LES JOURS, DE LA SEMENCE DE LA PAROLE DE DIEU. PERSÉVÉREZ JOUR APRÈS JOUR ET VOUS EN VERREZ LE FRUIT.

Votre corps doit obéir à la Parole de Dieu, mais comment peut-il obéir à la voix de Dieu si vous ne semez pas continuellement sa Parole dans votre esprit ? Soyez constant et persévérant.

Dès aujourd'hui, ayez un cœur bien disposé à recevoir la Parole de Dieu dans toute sa vérité. Ne la rejetez pas et ne la prenez pas à la légère ! Recevez-là avec un cœur honnête et bon. Tenez bon, ne relâchez pas et vous en verrez les fruits dans votre âme et dans votre corps ! Alléluia !

Votre coach Martine

DÈS AUJOURD'HUI, AYEZ UN CŒUR BIEN DISPOSÉ À RECEVOIR LA VÉRITÉ DE LA PAROLE DE DIEU. NE LA REJETEZ PAS ET NE LA PRENEZ PAS À LA LÉGÈRE

RÉFLEXION PERSONNELLE

Jour 16

LA PUISSANCE DE DIEU VOUS FORTIFIE !

Fortifiés à tous égards par sa puissance glorieuse,
En sorte que vous soyez toujours et avec joie,
Persévérants et patients
Colossiens 1.11

Dieu veut que vous soyez fortifiés à tous égards. À TOUS ÉGARDS INCLUT VOTRE RAPPORT AVEC LA NOURRITURE, AVEC L'EXERCICE OU LA DISCIPLINE… À TOUS ÉGARDS VEUT DIRE DANS TOUT… !!!

Vous êtes fortifiés à tous égards non par votre force mais par la puissance de Dieu. Vous avez besoin de sa puissance pour aller de gloire en gloire et vivre en pleine liberté. Les diètes ne pourront jamais donner la liberté aux gens ayant des problèmes d'embonpoint. Au contraire, les diètes, les pèse-personnes, les magazines ne font qu'augmenter le tourment et la détérioration de soi et de la santé.

Ce dont vous avez besoin pour régler définitivement votre problème d'embonpoint et de tourment alimentaire, c'est de Dieu et de Sa Puissance !

Sa Puissance vous libère. Sa Puissance vous guérit. Sa Puissance vous donne la joie. Sa Puissance vous donne la force de résister à la tentation. Sa Puissance vous fait persévérer. Sa Puissance vous rend patient dans l'épreuve. Sa puissance vous restaure. Sa puissance vous transforme. Sa Puissance vous régénère et je pourrais rajouter encore bien d'autres effets de ce que la PUISSANCE DE DIEU peut accomplir en vous.

Aujourd'hui, c'est de la puissance de Dieu dont vous avez besoin. Car Sa Puissance glorifie Son Nom ! Réclamez et relâchez la Puissance de Dieu sur votre corps ! Elle vous transformera et fera bien plus que n'importe laquelle des diètes populaires !

Votre coach Martine

RÉCLAMEZ ET RELÂCHEZ LA PUISSANCE DE DIEU
SUR VOTRE CORPS !

RÉFLEXION PERSONNELLE

Jour 17

RESISTEZ AUX TENTATIONS !

Ne laissez aucune place au diable
Et ne lui donnez aucun accès
Éphésiens 4.27

La Parole de Dieu est claire ; ne donnez aucun accès au diable ! Cela veut dire que nous avons l'autorité de lui laisser la place ou non dans notre vie. Nous sommes responsables de fermer tout accès au diable et de protéger la bénédiction que Dieu a mis sur nous et en nous !

L'esprit de gloutonnerie qui a été chassé de votre vie aimerait bien que vous lui rendiez à nouveau la place. Il tentera même de vous faire croire plein de mensonges pour vous dérouter de votre positionnement. Ne l'écoutez pas ! Ne vous compromettez pas et ne lui ouvrez pas la porte ! Si vous laissez une place au diable, au démon d'excès de table, il va s'en emparer ! Le diable est un lion rugissant cherchant qui il va dévorer... ne le laissez pas vous dévorer et détruire votre victoire ! NON ! VOUS AVEZ AUTORITÉ SUR LES PENSÉES DE L'ENNEMI DANS VOS PENSÉES ! VOUS AVEZ AUTORITÉ SUR LES ÉMOTIONS DE L'ENNEMI DANS VOS ÉMOTIONS ! Résistez-lui avec une foi ferme ! Sachez que votre Dieu est vivant et qu'Il est fidèle à sa Parole ! Vous pouvez résister avec succès aux ruses du diable. Vous devrez tout d'abord croire que la Parole de Dieu est l'autorité totale et finale dans votre vie. Deuxièmement, vous déciderez de résister et de combattre cet adversaire en utilisant l'autorité que Jésus-Christ vous a déléguée et finalement, vous persévèrerez jusqu'à l'obtention de votre promesse !

Aujourd'hui, prenez la décision de ne laisser aucun accès au diable et résistez-lui avec AUTORITÉ !

Votre coach Martine

SI VOUS LAISSEZ UNE PLACE AU DÉMON D'EXCÈS DE TABLE, IL VA S'EN EMPARER !

RÉFLEXION PERSONNELLE

Jour 18

VOTRE VICTOIRE EST GARANTIE !

Grâces soient rendues à Dieu
Qui nous donne la victoire
(Qui fait de nous des conquérants) par notre Seigneur Jésus-
Christ.
1 Cor.15.57

Victorieux ! Conquérants ! Voilà ce que la Bible dit que nous sommes. Nous ne redirons jamais assez cette vérité car en toute situation de combat, nous avons besoin d'être fortifiés dans la vérité. Il faut réaliser que la Parole de Dieu a la suprématie sur toute chair et toute situation ! Tout lui est soumis et notre adversaire aussi !

Le mot victoire signifie : suprématie ou supériorité finale et complète dans un combat ou une guerre ; succès dans une compétition ou une lutte incluant la défaite d'un adversaire ou le fait de surmonter des obstacles ! Alléluia !

Vaincre veut dire : être le meilleur dans un combat ou une compétition, dominer, supprimer, prévaloir, surpasser, avoir la supériorité, accabler, maîtriser, gagner, écraser, battre ! Oh ! Oh ! Encore Alléluia ! C'est que nous sommes appelés à vaincre et avoir la victoire dans notre combat AVEC LA NOURRITURE ET L'EMBONPOINT ! Ce que nous avons reçu en Jésus-Christ est bien plus que le droit d'aller au ciel. Nous avons reçu la supériorité finale et complète sur notre adversaire ! SAISISSONS-LA ET CRIONS : « ALLÉLUIA ! »

Votre coach Martine

CE QUE NOUS AVONS REÇU EN JÉSUS-CHRIST EST BIEN PLUS QU'UN DROIT D'ALLER AU CIEL.

RÉFLEXION PERSONNELLE

Jour 19

ÉTENDEZ-VOTRE POUVOIR !

Mais dans toutes ces choses,
Nous sommes plus que vainqueurs
Par celui qui nous a aimés
Romains 8.37

Le mot vainqueur de ce passage en grec veut dire plus que conquérant... Si nous regardons la définition du mot conquérant dans le petit Larousse nous lisons ceci :

- Qui fait ou a fait des conquêtes par les armes
- Qui a le désir d'étendre son pouvoir

Nous retrouvons aussi les synonymes suivants :

Acquérant, assujettissant, colonisant, dominant, envahissant, envahisseur, gagnant, guerrier, vainquant, vainqueur.

DONC, AUJOURD'HUI EN TANT QUE CONQUÉRANT(E), SAISISSEZ LES ARMES ET ÉTENDEZ LE POUVOIR, L'AUTORITÉ QUE JÉSUS-CHRIST VOUS A DÉLÉGUÉS ! Vous
N'avez plus à être victime de l'embonpoint et du démon du tourment alimentaire ! Vous êtes un(e) vainqueur qui assujettit, qui acquiert par la force, un(e) guerrier(e), dominant l'ennemi ! Vous n'êtes plus victime, mais VAINQUEUR ! Soumettez le diable et SOYEZ PLUS QUE JAMAIS CONQUÉRANT(E) POUR CETTE VICTOIRE ABSOLUE DANS VOTRE ÂME ET VOTRE CORPS !

Votre coach Martine

UN CONQUÉRANT(E) ÉTEND SON POUVOIR !! VOUS ÊTES
DES SUPERS-CONQUÉRANT(E)S
EN JÉSUS-CHRIST...
ÉTENDEZ VOTRE POUVOIR POUR VOTRE VICTOIRE !

RÉFLEXION PERSONNELLE

Jour 20

LA PUISSANCE DE DIEU EST EN VOUS !

« Voici, je vous ai donné le pouvoir de marcher
Sur les serpents et les scorpions,
Et sur toute la puissance de l'ennemi ; et rien ne pourra vous
nuire. »
Luc 10.19

Cette semaine, exercez votre autorité ! Vous avez reçu une autorité d'en haut afin de ne plus être victime de l'ennemi, de la malédiction, mais de rendre l'ennemi victime de la puissance qui agit à travers vous ! Dans le verset ci-haut, « le pouvoir de marcher sur les serpents... », le mot "pouvoir" veut dire en grec : "exousia" ce qui signifie "autorité déléguée". Dieu vous a donné l'autorité en son nom de chasser tous les démons dont celui de l'obésité et de commander à tout tourment dont le tourment alimentaire de vous quitter immédiatement. Vous devez utiliser votre autorité et vous devez le faire avec foi ! Cette puissance agit aussi pour vous comme elle agit lorsque vous priez pour les autres.

Aujourd'hui, prenez autorité sur votre corps : "Je commande à la cellulite de disparaître, à la graisse de fondre, à mon corps de se replacer surnaturellement... !" Vous devez exercer cette autorité jusqu'à l'obtention du résultat désiré. La puissance qui agit en vous est plus grande que la puissance qui agissait contre votre âme et votre corps !

Dieu est présentement en train de vous redonner beaucoup plus que vous ne pouvez l'imaginer ! VOYEZ-LE ET CONFESSEZ-LE ! Dieu est amour et il vous veut au maximum de ce qu'il a créé. Dieu vous veut accompli, heureux, libre, béni ! Fortifiez-vous, prenez courage et PRENEZ AUTORITÉ !!

Votre coach Martine

LA PUISSANCE QUI AGIT EN VOUS EST PLUS GRANDE QUE LA PUISSANCE QUI AGISSAIT CONTRE VOTRE ÂME ET VOTRE CORPS !

RÉFLEXION PERSONNELLE

LA PRESENCE DE DIEU VOUS LIBÈRe !

Or, le Seigneur c'est l'Esprit ;
Et là où est l'Esprit du Seigneur, là est la liberté.
2 Corinthiens 3 : 17

Le Seigneur... c'est l'Esprit ! Vous ne pouvez aimer le Seigneur et ne pas aimer le Saint-Esprit ! Vous ne pouvez aimer le Saint-Esprit et ne pas aimer Sa Présence ! Le Saint-Esprit est venu pour vous guider, vous enseigner, vous réconforter, vous révéler des secrets cachés directement du ciel, vous donner la force que vous avez besoin, vous remplir de Sa Puissance et vous donner la victoire sur vos adversaires. Le Saint-Esprit agit sur la Parole de Dieu et délivre, guérit, protège et restaure !

C'est pour cela que vous avez tellement besoin de Sa Présence et Sa Puissance ! Le Saint-Esprit est aussi réel que vous et moi et Il veut agir sur votre vie, votre âme, votre liberté et votre corps. Il est là pour vous délivrer dans tous les domaines et vous donner la pleine liberté. La liberté de toutes restrictions alimentaires, tourments alimentaires et de tout embonpoint ! Alléluia !

Les diètes sont l'antipode de la liberté. Elles rendent les gens esclaves du calcul calorique, de la consommation de produits amaigrissants et de la servitude alimentaire. Au contraire, le Saint-Esprit vous en libère et vous restaure à l'état parfait que Dieu vous a créé sans être dans la privation. Oh, que c'est bon ! Le travail du programme 777 est un combat de la Foi ! Et, il en vaut l'investissement pour une pleine liberté en Jésus-Christ. C'est votre saison ! Prenez votre liberté et recevez vos privilèges de
Restauration complète dans votre corps !

Votre coach Martine

LE TRAVAIL DU PROGRAMME 777 EST UN COMBAT DE LA FOI,
ET IL EN VAUT L'INVESTISSEMENT POUR UNE PLEINE LIBERTÉ EN JÉSUS-CHRIST

RÉFLEXION PERSONNELLE

Jour 21

CROYEZ EN VOTRE TOTAL LIBERTÉ !

Or, le Seigneur c'est l'Esprit ; et là où est l'Esprit du Seigneur, là est la liberté.
2 Corinthiens 3 :17

Dieu veut maintenant la liberté à tous égards dans votre vie car il vous a envoyé son Esprit… Esprit de **LIBERTÉ** !

Voici ce qui est contraire à la liberté : La malédiction
La malédiction est tout ce qui est contraire à la bénédiction. La malédiction est synonyme de destruction.
La maladie ; la souffrance ; la captivité ; le tourment ; l'embonpoint ; le manque ; la restriction. Tous ceux-ci
Font partie des conséquences de la malédiction.

L'abondance, la paix, la joie, la liberté, la santé, la minceur sont les conséquences de la bénédiction. Satan est un menteur et un voleur. Il travaille à garder les enfants de Dieu dans ces malédictions que Jésus-Christ a payé, pour nous, à la croix. Ce que vous croyez de normal, vous le garderez. Mais si vous comprenez que l'Esprit de Dieu, qui a ressuscité Jésus-Christ d'entre les morts, vit en vous, vous ne vous laisserez plus berner par le diable. Vous êtes déjà libre car l'Esprit de Dieu est avec vous ! Libre avec la nourriture, libre dans votre corps. **VOUS ÊTES LIBRE !** Ne pensez plus, ne parlez plus, n'agissez plus comme si vous étiez captif avec la nourriture et votre corps ! Dès maintenant **PENSEZ, PARLEZ ET AGISSEZ COMME UNE PERSONNE QUI EST DÉJÀ MINCE ET VOUS EN VERREZ LA MANIFESATION PUISSANTE DANS LE NATUREL.**

La liberté vous appartient car Jésus-Christ vous l'a déjà donnée. Saisissez aujourd'hui cette liberté et réjouissez- vous que votre rédempteur vie !

Votre coach Martine

LA LIBERTÉ VOUS APPARTIENT !

RÉFLEXION PERSONNELLE

Jour 22

VOUS AVEZ UN CONSOLATEUR !

De même aussi l'Esprit nous aide
Dans notre faiblesse,
Car nous ne savons pas ce qu'il nous convient
De demander dans nos prières.
Mais l'Esprit lui-même intercède par des soupirs inexprimables ;
Romains 8 : 26

Gloire à Dieu pour le Saint-Esprit ! Il a été envoyé par le Père afin que le Seigneur nous accompagne partout où nous allons ! Le Saint-Esprit est notre consolateur, notre guide, notre maître, celui qui nous enseigne toute chose, celui qui nous convainc, celui qui nous révèle les secrets du Royaume, celui qui nous donne l'esprit de sagesse, d'amour et de puissance et celui qui intercède pour nous quand nous ne savons plus comment prier…

Je remercie tellement le Seigneur parce qu'il nous a donné le Saint-Esprit qui, lui, nous donne la force lorsque nous n'en avons plus. Alors le faible peut dire : « Je suis fort !» Merci Seigneur pour le Saint-Esprit qui nous réconforte même si la situation nous apparaît horrible et incompréhensible et que personne ne peut comprendre. Merci pour le Saint-Esprit qui nous supporte quand on n'en peut plus… Merci pour le Saint-Esprit qui INTERCÈDE POUR NOUS lorsque nous ne savons plus quoi dire, quoi faire ou quoi combattre. Merci Seigneur ! C'est pour cela que ma vie chrétienne à complètement changée lorsque je fus baptisée du Saint-Esprit, elle a subi un profond changement. Et depuis ce jour, ma passion pour le Seigneur, ses révélations et sa force ont fait toute la différence ! AUJOURD'HUI, JE PRIE POUR QUE LE SAINT-ESPRIT VOUS TOUCHE PUISSAMMENT ET QU'IL VOUS REMPLISSE DE SA PRÉSENCE. SA FORCE EST PLUS GRANDE QUE TOUTE INFLUENCE DE L'ENNEMI ! SA FORCE EST PLUS GRANDE QUE LA TENTATION DE GLOUTONNERIE, LA TENTATION DE L'ABANDON ET DU DOUTE… ALLÉLUIA !

Votre coach Martine

MERCI AU SAINT-ESPRIT QUI NOUS SUPPORTE
LORSQU'ON NE PEUT PLUS SE SUPPORTER !

RÉFLEXION PERSONNELLE

PERCEVEREZ DANS LA PRIÈRE !

Ayez du zèle, et non de la paresse.
Soyez fervents d'esprit. Servez le Seigneur.
Réjouissez-vous en espérance. Soyez patients dans
l'affliction.
Persévérez dans la prière.
Romains 12.11-13

Lorsqu'on active les lois spirituelles de Dieu, on obtient du succès (Josué 1 : 8). Mais comment pouvez-vous activer consciemment les lois de Dieu si vous ne les connaissez pas ? C'est pour cela que la Parole de Dieu déclare dans Osée 4.6:'' Mon peuple périt faute de connaissance !''

Le peuple de Dieu ne périt pas faute d'amour de Dieu ou faute de démon. Le peuple de Dieu périt par manque de connaissance ! Le diable utilise votre ignorance des lois spirituelles pour vous dominer et vous détruire...

Toutefois, je crois fermement que maintenant c'est le temps d'une révolution dans le peuple de Dieu si vous voulez réussir votre vie chrétienne !

Dans ce passage biblique, nous tirons les cinq points importants du combat spirituel :

Le premier est d'être travaillant, zélé et non paresseux...
Le deuxième est d'être fervent d'esprit, bouillant pour le Seigneur et de vouloir ardemment glorifier son nom !
Le troisième est de protéger votre joie car personne ne le fera à votre place.
Le quatrième est d'être patient en action, d'être ENDURANT !
Le cinquième est d'utiliser la puissance de la parole de Dieu. En priant chaque jour, vous conserverez votre persévérance. Sinon, l'ennemi volera votre zèle, votre patience, votre courage et votre persévérance.Dès aujourd'hui, mettez ces cinq points en action et vousVerrez que le Seigneur est fidèle à sa parole !

Votre coach Martine

C'EST EN PRIANT CHAQUE JOUR QUE VOUS CONSERVEREZ
VOTRE PERSÉVÉRANCE

RÉFLEXION PERSONNELLE

Jour 24

SEMEZ ET VOUS RECOLTEREZ

Donnez, et il vous sera donné ;
On versera dans votre sein une bonne mesure,
Serrée, secouée et qui déborde ; car on vous mesurera
avec la mesure
Dont vous vous serez servis
Luc 6.38

Ce verset est sorti directement de la bouche de Jésus-Christ, la Parole de Dieu faite chair. Nous ne pouvons prendre ce verset à la légère et laisser l'incrédulité nous faire douter de la valeur de ce passage pour la réussite de notre vie chrétienne. Pourtant, plusieurs chrétiens influencés par l'ennemi refusent littéralement d'y croire ! C'est le jeu de l'ennemi de faire croire aux chrétiens que la loi de la semence et de la récolte est une invention de certains pasteurs pour abuser du peuple de Dieu ! Ce mensonge empêche les enfants de Dieu de semer et ainsi, de recevoir des récoltes surnaturelles de Dieu dans leur vie !

Mais quelle horreur ! Lorsque nous donnons à Dieu, nous récoltons toujours en retour ! Souvenez-vous de ce petit garçon qui amena des poissons et des pains au Seigneur. Grâce à ce don, une foule entière a pu être nourrie. Ce garçon qui donna le butin de sa journée au Seigneur a été récompensé sur le champ : il a été nourri ainsi qu'une foule de 15 000 personnes. Alléluia ! Il resta même 12 paniers pleins de pains et de poissons... C'est bien plus qu'un petit lunch !

À votre tour, lorsque vous semez de l'argent dans le Royaume de Dieu, vous allez en récolter plus pour vous et vous allez permettre à une foule d'être nourrie de ces révélations et de recevoir en retour ! Double récolte ! Gloire à Dieu ! Recevez les récoltes de vos semences et que votre corps soit surnaturellement transformé par la main puissante de notre meilleur chirurgien esthétique ; le Saint-Esprit ! ATTENDEZ-VOUS À RÉCOLTER !

Votre coach Martine

ATTENDEZ-VOUS À RÉCOLTER !

RÉFLEXION PERSONNELLE

Jour 25

VOTRE CORPS APPARTIENT À DIEU !

Ne savez-vous pas que votre corps
Est le temple du Saint-Esprit qui est en vous,
Que vous avez reçu de Dieu, et que vous ne vous appartenez point à vous-mêmes ?
Car vous avez été rachetés à un grand prix.
Glorifiez donc Dieu dans votre corps
Et dans votre esprit, qui appartiennent à Dieu.

1 Cor 6.19-20

Notre corps appartient à Dieu. Voilà un point important à réaliser. Notre corps est le temple du Saint-Esprit. Il doit être un vase d'honneur et le reflet de la gloire de Dieu puisqu'il y habite. Partout où nous allons, Dieu vient avec nous. Nous sommes son véhicule.

Ce véhicule doit bien fonctionner, être en santé, avoir une bonne énergie, se sentir léger, ne pas être importuné par des jambes trop lourdes, par une mauvaise circulation sanguine, des problèmes cardiaques, de la haute pression, de l'essoufflement et j'en passe. Non ! Dieu veut que son véhicule fonctionne bien, soit en santé et en bonne forme physique.

Nous sommes responsables de bien prendre soin de ce corps afin de glorifier Dieu dans notre chair et dans notre esprit. Beaucoup de chrétiens se moquent de leurs corps et se dressent contre le fait de prendre soin de lui disant que c'est anti-spirituel et que cela devient de l'idolâtrie charnelle. C'est absolument faux. En fait, Dieu nous demande clairement de prendre soin de notre corps pour qu'il soit glorifié.

WOW ! Pendant que Satan essaie d'inculquer aux chrétiens que de s'occuper de son corps n'est pas spirituel, celui-ci se détruit par manque de soins et d'attention et plusieurs chrétiens meurent avant leur temps. Prenons courage mes frères et sœurs. Si nous avons fermement décidé de prendre soin de notre corps, Dieu sera avec nous. Et s'il est avec nous, le succès est assuré.

Soyons résolus et prenons vraiment bien soin de cette merveilleuse machine qui nous a été confiée car Dieu désire glorifier son nom par son entremise et il est en train d'agir.

Votre coach Martine

TENEZ FERME ! DIEU DÉSIRE GLORIFIER SON NOM DANS VOTRE CORPS !

RÉFLEXION PERSONNELLE

Jour 26

VOUS-ÊTES GUÉRI !!!

Pour les incrédules, le dieu de ce monde a aveuglé leur esprit et les empêche ainsi de voir briller la lumière de la Bonne Nouvelle qui fait resplendir la gloire du Christ, lui qui est l'image de Dieu.
2 Corinthiens 4 : 4

Satan, le père du mensonge voile et aveugle le monde par ses mensonges afin de voler aux gens la vérité de la Parole de Dieu, et afin de les empêcher de recevoir la bonne nouvelle du Royaume de Dieu et d'être guéri.

Ce n'est pas surprenant que l'ennemi se dresse contre cette magnifique révélation que Dieu veut et peut délivrer votre corps de tout embonpoint. Il veut et le peut par Sa Parole et Son Onction ! Vous avez fait le bon choix en mettant votre confiance en l'Éternel des Armées, Elshaddai, le Dieu tout-puissant, Jehovah Rapha, celui qui guérit ! L'Éternel veut glorifier son nom, Il veut que sa gloire resplendisse sur vous, dans tous les domaines de votre vie, incluant votre corps !!!

Allez… n'écoutez pas les gens incrédules qui pourraient contaminer votre foi. Faites très attention de ne pas recevoir les doutes des gens dans votre âme. Cela nuit à votre processus de guérison avec le Seigneur. Les doutes contaminent notre foi… Les gens qui réussissent accordent davantage d'attention à leur propre vision, à leurs objectifs qu'aux dires et opinions des autres ! Vous êtes responsables de protéger votre destinée et vos victoires en Jésus-Christ ! Gardez les yeux fixés sur Lui, sur sa puissance, sur sa bénédiction dans votre vie et activez-la par la foi !

Aujourd'hui confessez : "Seigneur, ouvre mes yeux spirituels afin que je contemple la lumière de la bonne nouvelle. Que ta gloire resplendisse sur moi, dans le nom de Jésus-Christ, Amen !

Votre coach Martine

LES GENS QUI RÉUSSISSENT ACCORDENT DAVANTAGE D'ATTENTION À LEURS PROPRES VISIONS ET OBJECTIFS QU'AUX DIRE ET AUX OPINIONS DES AUTRES !

RÉFLEXION PERSONNELLE

Jour 27

SOYEZ HEUREUX ET BRILLEZ !

[16] Que votre lumière luise ainsi devant les hommes,

Afin qu'ils voient vos bonnes œuvres,

Et qu'ils glorifient votre Père qui est dans les cieux.

Mathieu 5 : 16

Dieu veut que notre lumière luise devant les hommes, que nous reflétions sa gloire, que nous soyons des flambeaux et que le monde voit notre différence. **Nous ne sommes pas appelés à nous fondre dans la masse mais à briller partout où nous passons.**

Lorsque nous dégageons la joie de Dieu, l'amour inconditionnel du père, la paix du Saint-Esprit, la beauté du Seigneur, ça dérange les esprits fermés mais attire les gens perdus et malheureux que Dieu veut ramener vers le bonheur.

Parfois, les gens n'aiment pas nous voir heureux et bénis. La jalousie, les jugements, les fausses accusations surgissent… Lorsque nous décidons d'aller chercher nos bénédictions, de savourer les victoires dans notre corps, d'être libre, cela fait réagir !!!

Car l'ennemi n'aime pas nous voir victorieux, n'aime pas voir la lumière de Dieu en nous et les fruits que nous en retirons.
Allons vers les gens qui sont heureux de célébrer nos victoires. Leurs fruits augmenteront comme les nôtres et notre Père sera encore plus glorifié !

Votre coach Martine

ALLEZ VERS LES GENS QUI SONT HEUREUX DE CÉLÉBRER VOS VICTOIRES AVEC VOUS

RÉFLEXION PERSONNELLE

Jour 28

LA GLOIRE EST À DIEU SEUL

Tu mettais le sceau à la perfection,
Tu étais plein de sagesse, parfait en beauté....
Ton cœur s'est élevé à cause de ta beauté, Tu as
corrompu ta sagesse par ton éclat ;
Je te jette par terre, Je te livre en spectacle aux rois
Ez.28.12, 17

Ton cœur s'est élevé à cause de ta beauté... Ce n'est pas la beauté qui fut un problème pour satan, ce fut son cœur !!!

C'est pour cette raison que Dieu dit dans Prov 4.23 :
Garde ton cœur plus que toute autre chose, **car de lui viennent les sources de la vie.**
Dieu veut que nous avancions de gloire en gloire, de beauté en beauté, de victoire en victoire. Il n'a aucun problème à ce que nous augmentions en tout et que nous soyons prospères à tous égards (3 Jean 1.2). Au contraire, Il désire que nous montions de niveaux en tout !!! Toutefois, ce qu'Il veut, plus que tout, c'est que notre cœur demeure humble avec lui ! Car l'orgueil précède la chute et Il élève celui qui est humble de cœur !

Aujourd'hui, déclarez avec force et puissance : « Merci Seigneur, je suis de plus en plus prospère, belle (beau), en santé et béni(e) à tous égards !»
Ne jouons pas à la fausse humilité religieuse, mais soyons comme David qui était plein d'audace et de reconnaissance envers son Dieu !

Dieu veut que nous le célébrions en tout temps pour toute chose ! Célébrons-le de l'être magnifique que nous sommes et il nous élèvera encore plus !!! Dans Deut 8.14, Dieu déclare :

« Prends garde de ne pas céder à l'orgueil et d'oublier l'Éternel, ton Dieu, qui t'a fait sortir d'Égypte, du pays où tu étais esclave... »
Il nous fait sortir de L'Égypte, de l'esclavage CONTRE NOTRE CORPS... ne l'oublions pas !!!

Votre coach Martine

DIEU VEUT QUE NOUS AVANCIONS DE GLOIRE EN GLOIRE, DE BEAUTÉ EN BEAUTÉ, DE VICTOIRE EN VICTOIRE.

RÉFLEXION PERSONNELLE

Jour 29

VOUS AVEZ UNE STRAT2GIE !
En effet, c'est par une bonne stratégie Que tu gagneras la bataille,
Et la victoire s'acquiert grâce à un grand nombre de
conseillers.
Prov 24.5-7

J'ai appris, après plusieurs décennies de vie chrétienne, que la victoire ne vient pas toute seule ! La réussite requiert de la rigueur et Dieu, dans sa Parole, en a clairement établi les principes.

Dans le verset 24.5-7, on énumère clairement deux principes. **Le premier : démontre que la bataille se gagnera par une bonne stratégie.** Lorsque j'entends des gens me dire : « Oh, je dois perdre du poids, je n'en peux plus, il faut que je change mon mode de vie… » Je leur demande : « Quelle est votre stratégie pour démarrer ce changement ?» Ils me regardent comme si je venais de leur demander le nombre de kilomètres entre la terre et la lune. Et ils me répondent naïvement que Dieu agira ! Bien sûr, Dieu agira, à condition que nous mettions nous-mêmes notre foi en action. Pour cela, il faut avoir défini avec précision les objectifs à atteindre et les moyens d'y parvenir. Cela s'appelle une stratégie. Toutes les victoires surnaturelles décrites dans la bible, de la Genèse à l'Apocalypse, ont été stratégiquement inspirées par Dieu et mise en action par l'homme ! C'est pourquoi je crois que le Seigneur m'a réellement inspirée lorsque j'ai conçu le plan et les étapes du PROGRAMME 777.

C'est un exemple de stratégie pour acquérir la liberté alimentaire et amincir surnaturellement.

Le deuxième principe : s'associer à de bonnes personnes qui nous soutiendront dans notre cheminement et à d'autres qui seront de bons conseillers. La version de ce verset écrite en hébreu stipule qu'il faut s'entourer d'un grand nombre de conseillers mais on y a ajouté un mot important (non inclus dans la traduction française). Ce mot est : SAGES. Dieu veut donc que nous nous entourions de sages conseillers. Il nous faut donc être vigilant dans nos choix. Certaines personnes ont le conseil facile mais mettent-ils eux-mêmes en pratique ce qu'ils prônent. La réponse est souvent non car ils n'ont pas dans leur arbre de vie les fruits qu'il devrait porter. FAITES ATTENTION QUELLE VOIX VOUS

RECEVEZ DANS VOTRE VIE !!! Il faut s'assurer de choisir comme conseillers ceux dont l'arbre regorge du fruit de leurs conseils.

Votre coach Martine

LA BATAILLE SE GAGNERA PAR UNE BONNE STRATÉGIE COMME LE PROGRAMME 777

RÉFLEXION PERSONNELLE

RÉFLEXION PERSONNELLE

Jour 30

TENEZ FERME !
En sorte que vous ne vous relâchiez point,
Et que vous imitiez ceux qui,
*Par la foi et la **persévérance**, héritent des promesses*
Héb.6.12

Oh ! Que ce n'est pas toujours facile de ne pas se relâcher et de ne pas abandonner ! Je le sais ! L'ennemi travaillera très fort pour vous inciter à abandonner et laisser s'attiédir votre zèle de départ. Il créera toutes sortes d'embûches pour détourner votre attention et vous amener dans une direction autre que celle de votre décision. Il sait que la seule personne qui peut bloquer votre avancement, c'est vous-même... Le diable essayera de bloquer la progression de l'accomplissement de votre victoire par des tactiques qui vous amèneront à relâcher et abandonner.

La Parole de Dieu nous enseigne que nous périssons faute de connaissance. Donc, l'acquisition de la connaissance du combat spirituel vous aidera à voir clair et à déjouer les stratégies de l'ennemi en tenant bon, en persévérant même si certaines journées il serait tellement plus facile de tout abandonner. Sachez que vous ne devez pas abandonner votre foi. Vous devez persévérer sans relâche dans la bonne direction vers votre destination. Ainsi, vous libèrerez votre âme et votre corps de toute dépendance envers la nourriture et la victoire vous sera assurée !

Vous devez imiter les femmes et les hommes de Dieu cités dans la bible qui ont persévéré dans la foi pour leurs victoires. Ce ne sont pas nos émotions qui doivent nous guider, mais le Saint-Esprit et la Parole de Dieu. Écoutez aujourd'hui le Seigneur qui vous dit : « N'abandonnez pas, relevez-vous, redressez-vous, reprenez courage, recommencez s'il le faut et vous y arriverez !»

Votre coach Martine

N'ABANDONNEZ PAS, RELEVEZ-VOUS, REDRESSEZ VOUS, REPRENEZ COURAGE, RECOMMENCEZ ET VOUS Y ARRIVEREZ !!!

RÉFLEXION PERSONNELLE

Jour 31

LA PERCEVERANCE EST LE PRIX DE VOTRE VICTOIRE !

Et c'est ainsi qu'Abraham, ayant persévéré,
Obtint l'effet de la promesse.
Hébreux 6.15

La persévérance provoquera la réalisation de la Promesse. C'est une loi spirituelle. Lorsque vous la comprenez et la mettez en action, votre combat spirituel prend une tout autre dimension.

Dans un champ de bataille comme votre corps, vous devrez persévérer sans relâche pour voir l'effet complet et permanent de votre victoire. Je le sais ! Lorsque je livre mon témoignage, vous ne réalisez pas toujours à quel point j'ai dû persévérer dans la vision que Dieu m'avait donnée ! Ce n'était pas facile à tous les jours et cela me demandait de la rigueur pour être capable de reprogrammer mon esprit et en sortir tous les virus que l'ennemi m'avait injecté ! Mais par ma persévérance dans ce combat de la foi et par l'utilisation des armes mises à ma disposition par la Parole de Dieu, j'ai enfin vu l'effet de la Promesse. Alléluia !

C'est cette même loi que vous devez appliquer aujourd'hui dans votre vie. N'abandonnez pas et prenez courage pour résister à toutes les stratégies de l'ennemi. Le combat que vous menez pour votre corps est réglé et la victoire vous appartient déjà. C'est la promesse de santé divine que Dieu vous a donnée (Ps.103, Es.53, 1Pi2.24, Ps 91).

Maintenant par la foi et la persévérance, vous allez assurément obtenir l'effet de la victoire dans le naturel ! Je sais que ce n'est pas toujours facile de persévérer, mais ceux qui abandonnent ne gagnent jamais. Alors n'abandonnez pas, ne vous relâchez pas et augmentez la cadence pour accélérer votre victoire absolue sur la nourriture et sur votre corps. Ça vaut l'investissement !

Votre coach Martine

LORSQUE JE LIVRE MON TÉMOIGNAGE, LES GENS NE RÉALISENT SOUVENT PAS À QUEL POINT J'AI DÛ PERSÉVÉRER DANS LA DIRECTION DE LA VISION QUE DIEU M'AVAIT DONNÉE

RÉFLEXION PERSONNELLE

Jour 32

GARDEZ ESPOIR DANS LA DIFFICULTÉ

Alors le roi donna l'ordre qu'on amenât Daniel,

Et qu'on le jetât dans la fosse aux lions.
Le roi prit la parole et dit à Daniel : Puisse ton Dieu, que tu sers avec persévérance, te délivrer !

Daniel 6.16

L'ennemi tentera souvent de nous décourager par *toutes sortes de moyens : obstacles, pensées, émotions, paroles, situations et résistances*. Il veut nous faire perdre espoir, nous convaincre que mettre notre confiance en l'Éternel ne servira à rien, que servir Dieu et mettre notre FOI ABSOLUE en lui nous laissera déçus et aura été fait en vain... MAIS LE DIABLE EST UN MENTEUR !

Daniel avait mis son ESPÉRANCE TOTALE avec PERSÉVÉRANCE en Dieu. Il a vu le surnaturel s'accomplir et ce fut aussi une leçon pour le roi et le peuple !

Tout comme Daniel, nous verrons le Salut de l'Éternel pour la victoire absolue sur la nourriture et notre corps car nous aurons servi Dieu avec foi et persévérance. Les lions n'ont pas pu manger Daniel et l'ennemi contre notre corps et notre liberté ne pourra pas nous dévorer. Au contraire, continuons de marcher avec foi dans ce programme et de persévérer dans ces clés de la Parole de Dieu. Tout ce combat est pour la Gloire de Dieu. C'est à nous qu'appartient la victoire totale, maintenant, dans le nom de Jésus-Christ. Le même Dieu qui était avec Daniel est avec nous aujourd'hui ! Gardons courage et persévérons jusqu'à l'obtention des résultats voulus !

Votre coach Martine

C'EST À VOUS QU'APPARTIENT LA VICTOIRE TOTALE

RÉFLEXION PERSONNELLE

Jour 33

SOYEZ TOUJOURS EN ACTION

Celui qui se relâche dans son travail

Est frère de celui qui détruit.

Prov 18.9

Nous avons un Dieu d'action qui aime voir ses enfants en action pour l'avancement des victoires dans leur vie. Lorsque vous décidez d'atteindre des objectifs précis dans votre vie, **le diable essaiera toujours de vous arrêter en chemin.** Il ne craint pas vos buts en soi. **Il craint votre persévérance et votre constance dans l'atteinte de votre objectif.** Ceci est un point très important que vous devez réaliser pour tous les domaines de votre vie. Le livre « Sois libre sois mince » vous enseigne la loi de la persévérance sans relâche, clé numéro 7. Ce que vous allez accomplir avec constance à tous les Jours vous amènera assurément à votre avancement !

Le diable utilisera, pour vous détourner de votre objectif, toutes sortes de stratégies telles que les distractions positives ou négatives, les maladies ou leurs symptômes, la démotivation, le découragement, les urgences, les inquiétudes diverses, les mensonges dans vos pensées ou ceux de votre entourage, le relâchement de votre énergie au combat, etc...

C'est pour cela que la Parole de Dieu est claire concernant le combat spirituel. Si vous vous relâchez dans votre cheminement vers la victoire, cela vous mènera à votre perte... La Parole de Dieu vous dit aussi que le juste tombe 7 fois et se relève. Ce qui est important dans le combat spirituel pour vos victoires, c'est de ne pas rester à terre quand vous tombez, c'est de ne pas vous laisser aller et relâcher. Vous devez vous ressaisir, vous relever et reprendre avec vigueur toutes les armes dont vous disposez pour atteindre votre objectif et gagner la victoire de votre vie !

Votre coach Martine

CELUI QUI SE RELÂCHE DANS SON TRAVAIL EST LE FRÈRE DE CELUI QUI LE DÉTRUIT !

RÉFLEXION PERSONNELLE

Jour 34

VOUS ÊTES UN(E) CONQUÉRANT(E)

Mais dans toutes ces choses,
Nous sommes plus que vainqueurs
Par celui qui nous a aimés
Romains 8.37

La bible nous dit que nous sommes plus que vainqueur en Jésus-Christ ! Alléluia ! Le diable est un menteur… il met des mensonges tels que : vous ne réussirez pas, vous n'obtiendrez pas les résultats voulus, Dieu ne vous bénira pas dans ce processus, vous mettrez votre espérance en vain dans ce programme qui soi-disant vient du Seigneur… MENTEUR ET MENSONGES ! La Parole de Dieu nous déclare que si nous mettons notre espérance en l'Éternel, nous ne serons pas confondus.

Soyez pleins de confiance et de foi en Dieu et Il agira. N'est-il pas écrit dans Psaumes 37.5; "Mets ta confiance en l'Éternel et il agira" ?

Maintenant, que nous croyons que Dieu le fera à travers nous, la Parole déclare que vous êtes plus que vainqueur en Jésus-Christ. La bible amplifiée déclare que vous êtes de véritables conquérants en Jésus-Christ. Cette traduction nous permet de voir une autre perspective de ce verset. Si nous sommes des conquérants eh bien ! IL FAUT CONQUÉRIR pour être VAINQUEUR ! ALORS AUJOURD'HUI, REGARDEZ-VOUS DANS LE MIROIR ET DÉCLAREZ QUE VOUS ÊTES UN(E) CONQUÉRANT(E) EN JÉSUS-CHRIST ! VOUS GAGNEZ DANS CE DOMAINE DE VOTRE VIE ET LE DIABLE, LE DÉMON, LE TOURMENT DE L'OBÉSITÉ SONT TERRASSÉS !

Votre coach Martine

IL FAUT CONQUÉRIR POUR ÊTRE VAINQUEUR…
UN VAINQUEUR
DOIT AVOIR CONQUIS !!!

RÉFLEXION PERSONNELLE

Jour 35

DIEU SEUL EST VOTRE APPUIE

Mieux vaut chercher un refuge en l'Éternel Que de se confier à l'homme ; Mieux vaut chercher un refuge en l'Éternel Que de se confier aux grands

Psaumes 118 : 8-9

Oh que c'est bon !
Pendant longtemps dans ma vie, malgré mon immense amour pour le Seigneur, j'ai souvent cherché la solution chez les hommes, dans le monde et non dans la Parole de Dieu. Il y eut un moment où personne ne pouvait m'aider. Il a donc fallu que je m'abandonne complètement au Seigneur et que je mette toute espérance en Lui.

Nous devons apprendre en tant qu'enfant de Dieu à mettre notre espérance totale en Dieu dans tous les domaines de notre vie incluant la liberté avec la nourriture et notre poids. Dieu est merveilleux ! Il peut comprendre ce que les autres ne peuvent comprendre. Il peut nous aider là où personne ne peut le faire. Il peut être à nos côtés lorsque personne ne s'y trouve. David avait bien appris qu'il ne pouvait mettre son espérance qu'en Dieu après tous les obstacles qu'il avait dû surmonter. Il aurait pu vraiment être déçu de la réaction du Roi Saul à son égard. Pourtant, c'est David qui lui faisait du bien lorsqu'il jouait de la lyre et chantait des louanges à Dieu. Le démon qui tourmentait l'esprit de Saul s'en allait et le roi en était heureux et soulagé.
Mais la confiance de David était en Dieu et non dans l'homme et dans les grands... EN DIEU !!!

Dieu est LA SOLUTION, DIEU EST NOTRE SOLUTION !

Votre coach Martine

METTRE SON ENTIÈRE ESPÉRANCE EN DIEU CAR IL EST VOTRE SOLUTION !

RÉFLEXION PERSONNELLE

Jour 36

RECEVEZ LE SURNATUREL DE DIEU

L'Éternel renverse les desseins des nations,
Il anéantit les projets des peuples
Psaumes 33.10

 Dans plusieurs occasions, nous voyons que le Dieu de l'Impossible, en un instant, peut renverser une situation impossible et la rendre possible. Il suffit de rejeter tous les doutes de notre coeur et de mettre notre pleine confiance en Lui.

Les Maccabées ont décidé de dire : « C'est Assez ! » Ils ont repris le territoire du temple de Dieu et chassé l'adversaire. Dieu a agi puissamment, surnaturellement et c'est ce que nous nous remémorons par cet exploit ! N'oublions pas que l'Éternel est Dieu et que Sa puissance est là pour nous aujourd'hui ! Nous avons décidé de reprendre le territoire de notre corps, ce temple du Saint-Esprit, de mettre uniquement notre foi en Dieu et de le glorifier Lui et non une diète ! Alléluia !

Recevons ! Recevons le surnaturel dans notre corps ! En nous couchant ce soir faisons cette prière : « Corps reçois le surnaturel de Dieu cette nuit ! Fonds, replace-toi surnaturellement tout au long de la nuit dans le nom de Jésus-Christ ! Amen ! »
Dieu est capable ! Dieu est bien capable encore aujourd'hui de faire des miracles et d'agir puissamment même sur notre corps !

Votre coach Martine

SACHEZ QUE L'ÉTERNEL EST DIEU
ET QUE SA PUISSANCE EST LÀ POUR VOUS AUJOURD'HUI !!!

RÉFLEXION PERSONNELLE

PREPAREZ-VOUS À CHANTER
LES MERVEILLES DE DIEU !

Je louerai l'Éternel de tout mon cœur,
Je raconterai toutes tes merveilles.
Je ferai de toi le sujet de ma joie et de mon allégresse, Je chanterai
ton nom, Dieu Très Haut !
Mes ennemis reculent, Ils chancellent, ils
périssent devant ta face.

Psaumes 9.1-3

Nous lisons tellement de passage dans la bible sans, parfois, en prendre réellement considération pour notre vie au quotidien...Quelles merveilles Dieu a-t-il accomplies dans votre vie ? Est-ce que vous allez le raconter ? Quels ennemis ont dû reculer dans votre vie ?

Je peux vous dire que le tourment alimentaire ainsi que l'obésité sont des ennemis dévastateurs dans cette génération et quand on en est délivré, cela fait partie des merveilles extraordinaires que Dieu peut accomplir et on a besoin de le glorifier !

Aujourd'hui, dans mon âme et dans mon corps, je contemple les merveilles que Dieu a accomplies. Je fais de l'Éternel le sujet de ma joie et je vois que ces ennemis sont sortis de ma vie pour toujours. Dieu veut la même chose pour vous ! Que son nom soit glorifié dans votre âme et dans votre corps. **C'est votre temps, votre saison maintenant pour chanter son Nom car les ennemis qui venaient contre votre corps reculent, chancellent et périssent !** Dieu veut accomplir des merveilles pour vous aussi. De façon pratique, Dieu veut changer les choses dans votre vie qui ne vous plaisent pas pour vous rendre heureux afin de célébrer son Nom. Il veut vous rendre heureux ! Il veut vous libérer ! Il veut vous donner ce que votre cœur désire et que vous marchiez dans la victoire complète ! **Aujourd'hui déclarez avec foi et conviction que vous allez raconter les merveilles que Dieu a accomplies dans votre corps.** Réjouissez-vous car Il est en train d'agir pour vous !

Votre coach Martine

RÉJOUISSEZ-VOUS CAR IL EST EN TRAIN D'AGIR
POUR VOUS

RÉFLEXION PERSONNELLE

Jour 38

RECLAMEZ VOTRE VICTOIRE

L'Éternel te donnera la **victoire** sur tes ennemis
Qui s'élèveront contre toi ;
Ils sortiront contre toi par un seul chemin, et ils s'enfuiront
devant toi par sept chemins
Deut. 28.7

L'embonpoint, les troubles alimentaires sont vraiment des ennemis destructeurs et réels ! Lorsque la révélation vient que **nous n'avons pas à lutter contre la chair et le sang** mais contre les esprits méchants dans les lieux céleste (Eph 6) et **que les problèmes de poids ne sont pas reliés à notre génétique** mais à une malédiction spirituelle, illégale, dans notre vie, cela fait toute la différence !!!

Nous ne pouvons chasser ce que nous croyons être notre chair !!
Au contraire, la pensée que le problème d'embonpoint est dans notre chair et la nourriture ne résoudra jamais définitivement le problème ! Et c'est dans cette pensée que la population se trouve…
Nous, au contraire, nous recevons cette révélation puissante de la Parole et nous devons absolument nous reprogrammer dans la VÉRITÉ ! Car c'est la vérité qui détruit le mensonge ! La Parole de Dieu déclare que la Victoire nous est promise sur nos ennemis ! Alléluia !!!
La victoire sur l'embonpoint qui n'est pas relié à notre chair mais à une malédiction ! La victoire sur la maladie, la
Victoire contre tout tourment… LA VICTOIRE !

Jésus nous a libérés de toute malédiction à la croix ! Toute injustice et malédiction est illégale dans notre vie. Allons au trône de Dieu et réclamons la justice sur nos adversaires ; sur l'obésité, sur les troubles alimentaires, sur l'esprit de dépendance et Dieu nous donnera la VICTOIRE sur ces ennemis. Ils devront fuirent par 7 CHEMINS !!!! 7 !!!!
OH ALLÉLUIA !!!

Votre coach Martine

CHAQUE VICTOIRE NÉCESSITE UN COMBAT !

RÉFLEXION PERSONNELLE

CROYEZ SEULEMENT !

« Car ce n'est pas un esprit de timidité (PEUR)
Que Dieu nous a donné,
Mais un esprit de force, d'amour et de sagesse. »
2 Tim. 1.7

La Parole de Dieu est claire dans ce passage ! La peur est un esprit ! C'est une force spirituelle dont l'influence sur nos pensées et nos émotions, nous emprisonne, nous rend captifs et vole nos victoires.

C'est cela que Jésus a constamment prêché dans son ministère : « Ne craint point, crois seulement ! » Dieu l'a dit à 3 reprises à Josué. Il lui a répété de ne pas craindre, de prendre courage et de se fortifier afin d'arriver à la terre promise. Les Israélites se sont fait repousser la possession de leur terre promise, 40 ans de plus dans le désert parce qu'ils ont eu PEUR DES GÉANTS ! La peur est un esprit. C'est une arme du diable dont il se sert abondamment pour voler de ce que Dieu nous a promis. C'est l'opposé de la foi. Sans la foi, il est impossible de plaire à Dieu. C'est la peur qui prend la place pour gouverner votre vie si vous lui donnez accès. La peur est toujours aux antipodes de la Parole de Dieu qui, elle, gouvernerait votre vie et y répandrait ses bénédictions.

La peur va vous dire : « impossible d'être libéré… » La PAROLE DE DIEU VOUS DIT, dans Jean 8.36: « Si donc le fils vous affranchi, vous serez réellement libre »

La peur vous dira : « tu n'auras pas ta victoire… » La PAROLE DE DIEU VOUS DIT, dans 1Jean 5 : 4 : « parce que tout ce qui est **né de Dieu triomphe** du monde ; et la victoire qui triomphe du monde c'est notre foi. »

La peur peut vous souffleter : « ça ne sert à rien de prier car ça n'a pas changé la vie de tel ou telle personne… alors ça ne changera rien en ta situation… » LA PAROLE DE DIEU VOUS DIT, dans Mathieu 21 : 22 : « Tout ce que vous **demanderez** avec foi par la **prière**, vous le recevrez. » ALORS TOUT FONCTIONNE PAR LA FOI… VOS SEMENCES, VOS PRIÈRES, VOS CONFESSIONS, VOS JEÛNES…NOURRISSEZ DÈS AUJOURD'HUI VOTRE FOI PAR LA PAROLE DE DIEU ET RÉFUTEZ LA PEUR (LE DIABLE) PAR LA PAROLE DE DIEU. VOTRE FOI VAINCRA ALORS TOUTE ADVERSITÉ CONTRE VOTRE CORPS !

Votre coach Martine

LA PEUR EST TOUJOURSÀ L'ANTIPODE DE CE QUE LA PAROLE DE DIEU DÉCLARE POUR NOTRE VIE

RÉFLEXION PERSONNELLE

Jour 40

VOTRE COMBAT EST SPIRITUEL

Si nous marchons dans la Vérité,
Nous ne combattons pas selon la chair !
2 Cor.10.3

Oh ! Si j'avais reçu ce verset dans mon âme lors de ma jeunesse, j'aurais évité tous ces tourments, ces pleurs, ces frustrations, ces diètes réputées mais sans résultats durables, ces restrictions alimentaires pénibles, ces condamnations et accusations que je m'infligeais moi-même !

Seigneur ! Merci pour cette révélation ! Le problème alimentaire dont découle l'embonpoint est un problème spirituel et nous devons le combattre spirituellement pour avoir une victoire absolue ! Les chrétiens perdent des batailles dans leur vie car ils se trompent d'ennemis ! Ils s'auto-accusent de leurs échecs ou de leurs non-succès et accusent aussi leur entourage. Pourtant la Parole de Dieu déclare que nous n'avons pas à lutter contre la chair et le sang mais contre les esprits méchants (Eph 6). Notre véritable ennemi est Satan et ses démons. Ils se tiennent derrière tout affront qui nous est fait incluant celui fait à notre corps.

Aujourd'hui, gardez le focus de vos yeux sur la vraie source du combat. Combattez encore plus fort, redoublez de rigueur et tenez fermement vos résolutions car la VICTOIRE EST GRANDE !

Votre coach Martine

LES CHRÉTIENS PERDENT DES BATAILLES DANS LEUR VIE CAR ILS SE TROMPENT D'ENNEMIS

RÉFLEXION PERSONNELLE

Jour 41

MARCHEZ PAR LA FOI !

L'Esprit de l'Éternel, du Seigneur, est sur moi car
L'Éternel m'a oint pour annoncer aux humiliés une bonne
nouvelle. Il m'a envoyé afin
De panser ceux qui ont le cœur brisé, d'annoncer
aux captifs leur délivrance
Et à ceux qui sont prisonniers leur mise en liberté.
Esaïe 61.1

L'onction du Seigneur brise les jougs, délivre ceux qui sont prisonniers, amène la délivrance, guérit ceux qui sont humiliés et le cœur brisé. Alléluia ! C'est votre saison pour toutes les délivrances, guérisons dans ce domaine où le diable a voulu vous détruire, vous rendre captif et vous humilier !

Dieu est vivant et grand. Il est le même, hier, aujourd'hui et éternellement (Héb.13.8). Il est votre créateur et il veut se glorifier dans la transformation de votre corps pour SA GLOIRE ! La décision de mettre votre confiance en Dieu et de mettre votre foi en action avec le programme 777 est le démarreur de votre propulsion victorieuse ! Votre corps est le temple du Saint-Esprit et Dieu désire que SON TEMPLE soit en PARFAITE CONDITION. D'ailleurs, il a accompli pour vous ce miracle de liberté et de minceur, il y a 2000 ans ! Il annonce votre liberté avec la nourriture, Il vous donne la délivrance dans votre corps ! Décrétez sur votre corps que vous êtes libre et mince ! C'est la vérité !

Spirituellement, c'est déjà accompli et c'est votre foi qui active ce miracle dans le naturel ! RECEVEZ AUJOURD'HUI UNE DOUBLE PORTION D'ONCTION SUR VOTRE CORPS, SUR VOTRE ÂME ET CONTEMPLEZ LES MERVEILLES DE DIEU ! NE LAISSEZ PAS L'ENNEMI VOUS FAIRE PERDRE VOTRE FOCUS. SOYEZ FERME DANS VOTRE FOI ; VOUS ÊTES DANS LA SAISON DE LA VICTOIRE ABSOLUE DANS VOTRE ÂME ET VOTRE CORPS !

Votre coach Martine

LA DÉCISION DE METTRE VOTRE CONFIANCE EN DIEU ET DE METTRE VOTRE FOI EN ACTION EST LE DÉMARREUR DE VOTRE PROPULSION VICTORIEUSE

RÉFLEXION PERSONNELLE

Jour 42

CONFIEZ-VOUS EN DIEU

« Aux uns, les chars de guerre, aux autres, les chevaux.
Nous, notre confiance nous la mettons en toi,
Éternel, notre Dieu. »
Psaumes 20.8

« AUX UNS LES DIÈTES, AUX AUTRES LES PRODUITS AMAIGRISSANTS. NOUS, NOTRE CONFIANCE, NOUS LA METTONS EN TOIÉTERNEL, NOTRE DIEU ! » ALLÉLUIA !!!

Voilà comment le peuple de Dieu doit mettre en pratique la Parole de Dieu dans sa vie de tous les jours. Sommes-nous comme le monde ou vivons-nous par la Foi en notre Dieu ?

Plusieurs diront : « Ah non, Dieu n'est pas concerné par l'embonpoint et la faible estime personnelle... » Mais c'est absolument faux ! Dieu est concerné par chacun de nos besoins, par notre bien-être, par notre estime et par notre santé ! Il n'est pas seulement concerné... IL VEUT ÊTRE GLORIFIÉ !

Plus que jamais un choix s'impose en tant qu'enfant de Dieu. Allons-nous vivre comme le monde et mettre nos espoirs dans les chars de guerres habituels que le monde utilise pour gagner leurs batailles ou allons-nous mettre notre confiance en l'Éternel, notre Dieu ?

La Parole de Dieu est claire dans Prov. 16 ; 20 :

« Celui qui est attentif à l'instruction trouvera le bonheur.
Heureux celui qui met sa confiance en l'Éternel ! »

Quand j'ai décidé d'arrêter de « danser » entre Dieu et les méthodes populaires d'amaigrissement dans le monde, j'ai brûlé tous les livres de diètes que j'avais et j'ai dit : « Seigneur, tu es celui qui délivre, alors délivre moi... TOI !!! » Ce fut un tournant décisif dans ma vie. C'est alors que les instructions de Dieu sont venues pour ma victoire et je les ai mises en pratique. Oh, gloire à Dieu !... Pour ce qu'il a fait et continue de faire car Il ne ment pas à Sa Parole !

Votre coach Martine

HEUREUX CELUI QUI MET SA CONFIANCE EN L'ETERNEL !

RÉFLEXION PERSONNELLE

Jour 43

DE L'INTÉRIEUR VERS L'EXTÉRIEUR

Nous tous dont le visage découvert
Reflète la gloire du Seigneur,
Nous sommes transformés en la même image, de gloire en
gloire, par l'Esprit du Seigneur.
2 Corinthiens 3 : 18

C'est le cœur de Dieu de nous voir transformer de gloire en gloire par le Saint-Esprit. La Parole de Dieu est claire ! Il ne veut pas nous voir régresser, Il veut nous voir refléter Sa Gloire ! Il veut que Sa gloire sorte de notre intérieur et se reflète à l'extérieur de notre corps, qu'elle rejaillisse sur notre vie et éclabousse celle des autres !

Lorsqu'Adam et Ève ont péché, la destruction et la malédiction sont apparues dans le monde. Toutefois, lorsque Jésus, le second Adam, a payé le prix fort à la croix pour nous racheter du péché, nous avons été lavés dans son sang quand nous l'avons accepté comme Sauveur et Seigneur de notre vie. Nous sommes nés de nouveau. **La gloire de Dieu est revenue demeurer en nous.**

La Parole de Dieu nous enseigne que, lorsque nous contemplons le Seigneur en étudiant Sa Parole et en communiant avec Lui, notre intelligence est renouvelée. Nous sommes alors MÉTAMORPHOSÉS par ce renouveau de nos pensées ! Plus nous comprendrons qui nous sommes en Christ ainsi que nos privilèges royaux, plus nous serons transformés à son image, autant intérieurement qu'extérieurement c'est-à-dire dans notre CORPS ! Plus nous nous approcherons de Lui dans la vérité, plus nous apprendrons à écouter Sa voix et à Lui obéir, plus Sa Gloire qui est en nous émergera. De gloire en gloire, nous serons transformés par la Parole de Dieu de l'intérieur vers l'extérieur !

Dès maintenant, contemplez Jésus dans Sa Parole et laissez-Le vous revêtir de sa présence glorieuse. Plus sa gloire brillera à travers vous, plus vous le contemplerez dans vos yeux, dans votre figure et dans votre corps !

Votre coach Martine

DÈS MAINTENANT, CONTEMPLEZ JÉSUS DANS SA PAROLE ET LAISSEZ-LE VOUS REVÊTIR DE SA MERVEILLEUSE PRÉSENCE GLORIEUSE.

RÉFLEXION PERSONNELLE

Jour 44

DEPENDEZ DE DIEU SEUL

Soumettez-vous donc à Dieu,
Résistez au diable et il fuira loin de vous.
Jacques 4.7

Il est important de noter que la première partie de ce verset est souvent oubliée… "SOUMETTEZ-VOUS DONC À DIEU !" Se soumettre de quelle façon ? Se soumettre à Sa Parole, à ses instructions. Dieu est un Dieu d'ordre, de principes et d'instructions. En ce qui concerne la nourriture, Il a aussi établi des principes clairs ! Si je ne pèche pas d'excès de table (Gal 5.19-21) et que je mange à la façon du Royaume de Dieu, mon corps sera béni ! Lorsque nous nous nourrissons à la façon de Dieu, nous obtenons un corps à la façon de Dieu !

Par la suite, lorsque nous devons résister au diable, nous pouvons le faire avec pleine autorité car aucun accès ne lui a été donné. Le péché est en dehors de notre vie et nous pouvons dire avec AUTORITÉ à l'ennemi, l'esprit d'embonpoint, de gloutonnerie, d'obésité, de tourment alimentaire : "Tu n'as plus rien à faire dans ma vie ! TU ES ILLÉGAL !"

Si vous demandez à Dieu de chasser le diable pour vous, vous êtes dans l'erreur ! La bible dit que vous avez reçu l'autorité de lui résister et de le chasser ! Jésus habite en vous ! Allez, prenez, utilisez cette autorité et déclarez haut et fort à l'ennemi qu'il est vaincu dans le nom de Jésus-Christ ! Le diable devra se soumettre ! Alléluia !

Votre coach Martine

SI VOUS DEMANDEZ À DIEU DE CHASSER LE DIABLE POUR VOUS…
VOUS ÊTES DANS L'ERREUR !
AVEC L'AUTORITÉ QUE VOUS AVEZ REÇU EN DEVANANT ENFANT DE DIEU,
C'EST À VOUS DE RÉSISTER AU DIABLE ET DE LE CHASSER !

RÉFLEXION PERSONNELLE

Jour 45

UNE NOURRITURE SPIRITUELLE...

L'homme ne vivra pas de pain seulement,
Mais de toute parole qui sort de la bouche de Dieu.
Matthieu 4.4

J'ai une nouvelle pour vous aujourd'hui : la nourriture ne remplit rien d'autre que notre ventre. Elle ne peut combler que notre besoin primaire de manger pour vivre. La nourriture ne peut enlever ni la peine, ni la solitude. Elle ne peut nous rassurer, Elle ne peut faire de bien qu'à l'estomac et combler la faim. La nourriture a été créée pour répondre à ce besoin spécifique : la faim physique. Toutes les autres formes de faim ne peuvent être nourries qu'avec Jésus-Christ !
Le savon a été créé pour laver le corps. Le
lit a été créé pour le reposer.

La nourriture a été créée pour répondre à la faim physique et... C'est tout !

Le Saint-Esprit a été envoyé pour nous remplir, nous rassurer, nous consoler, nous guider, être notre partenaire et plus encore !

C'est dans le Seigneur que nous pourrons être réellement rassasiés. Sa présence comble tout vide, toute peine, toute amertume, toute solitude. IL EST !

La Parole de Dieu est claire. Elle déclare que nous ne vivons pas seulement de pain mais de toutes paroles qui sortent de la bouche de Dieu. Alléluia ! La Parole de Dieu est nécessaire pour vivre !

MANGEONS DE LA PAROLE DE DIEU ET NOTRE CORPS VIVRA. LA PAROLE FAITE CHAIR A PAYÉ LE PRIX À LA CROIX ! Jésus-Christ, la
Manne descendue du ciel, est LA NOURRITURE dont nous avons le plus besoin !

Votre coach Martine

JÉSUS-CHRIST, LA MANNE DESCENDUE DU CIEL, EST LA NOURRITURE DONT VOUS AVEZ LE PLUS BESOIN !!!

RÉFLEXION PERSONNELLE

Jour 46

VOUS-ÊTES BÉNI

Mais il a été blessé pour nos péchés,
Brisé pour nos iniquités ;
Le châtiment qui nous donne la paix est tombé sur lui,
Et c'est par ses meurtrissures que nous sommes guéris !
Esaïe 53.5

Jésus est venu sur la terre pour nous sauver et nous racheter de toutes malédictions (Gal 3.13). TOUTES ! Incluant la malédiction du tourment avec la nourriture et l'obésité ! Jésus est venu pour détruire l'œuvre du diable, y compris la dépendance à la nourriture provoquant l'obésité, la maladie et le manque…

Lorsque nous acceptons Jésus dans notre vie comme Sauveur et Seigneur, nous devenons enfant de Dieu et héritier de la promesse ! Nous sommes citoyens du Royaume de Dieu et nous avons des droits et des privilèges que d'autres n'ont pas ! C'est à nous de réclamer notre droit à la liberté, à la guérison, au surnaturel et à la transformation ! C'est à nous d'exercer l'autorité qui nous a été déléguée et de reprendre le territoire que l'ennemi est venu voler ! Nous sommes le temple du Saint-Esprit et c'est à nous de dire à l'ennemi qu'il ne doit plus être là, qu'il doit déguerpir ! Le diable, l'obésité et le tourment associé à la nourriture sont des hors-la-loi.

Déclarons avec autorité nos droits, déclarons la Parole de Dieu, contenue dans ce merveilleux livre de la loi, et faisons-le avec foi ! Le diable ne pourra résister à la Parole de Dieu et ne pourra nous résister ! C'est notre temps, c'est notre saison et nous voulons voir notre victoire s'activer dans le nom de Jésus-Christ !

Votre coach Martine

RECLAMEZ VOS DROITS ET EXERCEZ VOTRE AUTORITÉ !

RÉFLEXION PERSONNELLE

Jour 47

CITEZ-VOS DROITS

« *Réveille ma mémoire,*
Plaidons ensemble,
Parle toi-même pour te justifier. »
Esaïe 43.26

Que veut dire le Seigneur dans ce verset : « Réveille ma mémoire... » ?
Il nous informe que nous devons réveiller sa mémoire et lui rappeler
ses promesses à notre égard !
C'est notre responsabilité d'utiliser Sa Parole et de la lui ramener pour
nos victoires ! Quand vous prierez cette semaine, tenez-vous devant le
trône de Dieu et rappelez-Lui Ses Promesses. Présentez votre cas, la
liberté de votre âme, votre minceur, votre guérison comme le ferait
un homme de loi qui cite continuellement le code de loi et les
précédents juridiques. Rappelez au Seigneur Sa Parole et Ses promesses
de guérison totale, de liberté et de délivrance avec la nouvelle Alliance !

Dieu veut qu'on lui rappelle Sa Parole, qu'on réveille Sa Mémoire et
qu'on plaide nos droits issus de cette nouvelle Alliance. Le Seigneur nous
met au défi de lui présenter notre cas. Au cours des 7 prochaines
semaines, faites comme la veuve qui se présentait tous les jours
devant le juge pour qu'on lui rende justice et qu'on déboute la partie
adverse. Alors présentons-lui les articles de la loi de la Parole de Dieu
dont celui qui concerne notre victoire absolue sur la nourriture et sur ses
effets sur notre corps. Si vous priez Dieu selon Sa Parole, vous serez
exaucés ! Alléluia !!!

Votre coach Martine

PLAIDEZ VOTRE CAUSE POUR VOTRE PLEINE VICTOIRE DANS VOTRE ÂME ET
VOTRE CORPS !

RÉFLEXION PERSONNELLE

PRENEZ GARDE À VOS PAROLES

C'est du fruit de sa bouche
Que l'homme rassasie son corps,
C'est du produit de ses lèvres qu'il se rassasie.
Prov 18.20

C'est du fruit de ma bouche que je rassasie mon corps ! Oh ! Que ce fut UN VERSET RÉVOLUTIONNAIRE pour moi ! Réalisez-vous à quel point un verset peut changer toute une vie ? Vous devez comprendre que votre corps est rassasié de ce que vous confessez ! Si vous confessez continuellement : "J'ai faim…" ou "Je n'engraisse à rien…" ou "Je suis faite comme cela…" vous devenez le fruit de ce que VOUS DITES et vous en NOURRISSEZ VOTRE CORPS !

La Parole de Dieu est la vérité. Vous devez prendre au sérieux ce qui est écrit dans la bible ! Dieu est un Dieu de lois spirituelles et Il les a établies à perpétuité. Ce que vous dites, vous le créez dans votre nature et vous le vivrez ! PRENEZ AU SÉRIEUX LA PAROLE QUI SORT DE VOTRE BOUCHE ! Ne croyez pas que ce que vous confessez est seulement une plaisanterie sans portée. Au contraire ! Ce que vous dîtes, jour après jour, vous le récolterez ! C'est du fruit de vos lèvres que vous serez rassasiés. La nourriture comble un certain besoin, mais votre bouche réglera ce besoin !

Allez et rassasiez votre âme et votre corps de la puissance de la Parole de Dieu à travers votre bouche !

Votre coach Martine

VOUS DEVEZ PRENDRE AU SÉRIEUX CE QUI SORT DE VOTRE BOUCHE…
VOTRE CORPS EN SERA NOURRI !!!

RÉFLEXION PERSONNELLE

Jour 49

PARLEZ LA VIE SUR VOTRE CORPS

La mort et la vie sont au pouvoir de la langue ;
Quiconque l'aime en mangera les fruits.
Prov 18.21

Et la révélation se poursuit ! En continuant notre lecture, Salomon nous enseigne que tout ce que l'on confessera de notre bouche produira la vie ou la mort. L'homme oint d'une sagesse extraordinaire de Dieu nous dit clairement que notre bouche jouit d'une puissance créatrice et que nous en mangerons les fruits ! Oh ! Alléluia ! Le diable n'utilisera plus votre bouche pour vous détruire. Ce temps-là est terminé. C'est MAINTENANT LE TEMPS OÙ DIEU POURRA UTILISER VOTRE BOUCHE POUR VOUS BÉNIR !

Souvent j'entends des croyants dire : "Oh ! Seigneur délivre moi de ce gras !" Deux minutes après leur prière, je les entends dire : "Je suis grosse, mon corps engraisse juste à regarder le menu d'un restaurant. Je ne vois pas de changement !" Oh ! La ! La !

L'effet de la prière vient d'être détruit en un instant par les paroles confessées dans le combat des émotions et des pensées !

Dès aujourd'hui, réalisez que la forme de votre corps est en très grande partie due aux paroles que vous avez reçues depuis votre enfance et que vous avez répétées vous-même ! Le diable et l'obésité n'ont aucun pouvoir sur votre corps, mais votre bouche, oui... Dès maintenant et pour toujours, corrigez votre bouche et orientez-la dans la direction désirée pour en voir les fruits. La bénédiction, la vie, la minceur et la liberté vous appartiennent. Parlez de votre liberté, confessez votre minceur et vous en verrez les fruits. Dieu ne ment pas à sa Parole !

Votre coach Martine

PARLEZ LA LIBERTÉ, CONFESSEZ LA MINCEUR ET VOUS EN VERREZ LES FRUITS. DIEU EST FIDÈLE À SA PAROLE.

RÉFLEXION PERSONNELLE

Jour 50

DIEU VEUT VOUS GUÉRIR

Puis il leur dit : Allez par tout le monde,
Et prêchez la bonne nouvelle à toute la création...
Voici les miracles qui accompagneront ceux qui auront cru en
mon nom, Ils chasseront les démons ;
Ils parleront de nouvelles langues ; ils saisiront des serpents ;
S'ils boivent quelque breuvage mortel, ils ne leur
feront point de mal ;
Ils imposeront les mains aux malades, et les
malades, seront guéris.
Marc 16.15-18

Si nous lisons attentivement ce verset, le Seigneur nous dit d'imposer les mains à ceux qui ont besoin d'être guéris, de recouvrer la santé. Cela inclut évidemment les personnes dont la santé est menacée par l'embonpoint ou l'obésité.

Dieu n'est pas l'auteur de la maladie. L'Éternel ne nous rend pas malades. Si c'était la volonté de Dieu que nous soyons souffrants, dépendants, malades, infirmes, Jésus sèmerait la confusion totale en nous commandant d'imposer les mains sur tous les malades pour qu'ils guérissent. Or nous le savons, Jésus n'agit jamais contre la volonté de son Père !

Dieu veut que tous soient guéris, Sinon Jésus aurait dit : « Allez imposer les mains à certains malades, seulement à ceux que Dieu veut guérir. Ceux-ci seront guéris... Les autres resteront malades... »

Absolument pas ! Dieu nous a chargés de s'opposer avec fermeté à la maladie et de la chasser de notre propre corps ! L'obésité, les problèmes de circulation sanguine, la fatigue associée au surpoids, les problèmes cardiaques, la haute-pression, le diabète et j'en passe ne sont pas la volonté de Dieu. Dieu nous commande de chasser toute maladie de ce merveilleux temple qu'est notre corps et cela inclut l'embonpoint, l'obésité et leurs conséquences !

Votre coach Martine

DIEU EST L'AUTEUR DE VOTRE GUÉRISON INCLUANT LA GUÉRISON DE VOTRE ÂME ET DU SURPOIDS !

RÉFLEXION PERSONNELLE

Jour 51
EXERCEZ VOTRE DELEGATION D'AUTOTRITÉ

Jésus, s'étant approché, leur parla ainsi :
Tout pouvoir m'a été donné

Dans le ciel et sur la terre. Allez....

Matthieu 28.18-19

Jésus a payé le prix à la croix, afin de nous racheter de toutes malédictions ! Lorsqu'il a dit ces paroles, il venait d'aller à la croix accomplir l'œuvre de Dieu dans son plan rédempteur. Il déclare que tout pouvoir lui a été donné au ciel et sur la terre... et tout de suite après, il DÉCLARE : "ALLEZ !" Il nous donne alors la mission d'aller en son nom ! Il faut se réveiller et réaliser qu'en tant qu'enfant de Dieu nous avons un pouvoir, une autorité déléguée par Jésus-Christ de guérir les malades, de chasser des démons et de prendre du territoire pour la gloire de notre Roi des rois. Si nous avons reçu l'autorité déléguée de guérir les malades et de propager la bénédiction, nous pouvons très bien le faire sur notre propre vie... non ?

Nous oublions trop souvent que nous ne sommes pas comme tout le monde. Nous avons la puissance de Dieu qui est en nous pour changer les circonstances, détruire la malédiction et envoyer la bénédiction sur notre propre vie. La bénédiction veut dire en hébreux : la PUISSANCE de prospérer. Nous allons à l'église et nous nous disons : "JE TE BÉNIS" et nous ne réalisons même pas la portée de ce que nous venons de dire. Eh bien ! AUJOURD'HUI... JE VOUS BÉNIS ET BÉNISSEZ-VOUS !!! La
Puissance de prospérer dans votre corps est activée ! Nous avons reçu l'autorité de détruire l'œuvre du diable et ça inclut l'obésité et le tourment alimentaire !!! ALLÉLUIA !

Votre coach Martine

NOUS AVONS REÇU L'AUTORITÉ DE DÉTRUIRE L'OEUVRE DU DIABLE, CE QUI INCLUS L'OBÉSITÉ ET LE TOURMENT ALIMENTAIRE

RÉFLEXION PERSONNELLE

Jour 52

VOUS GAGNEZ PAR LA PUISSANCE DE DIEU !

Ce n'est ni par la puissance ni par la force,
Mais c'est par mon esprit, dit l'Éternel des armées.
Qui es-tu, grande montagne, devant Zorobabel ? Tu seras aplanie.
Il posera la pierre principale au milieu des acclamations : Grâce,
grâce pour elle !

Zacharie 4 : 6-7

La victoire que nous allons chercher est en train de s'accomplir par la force du Saint-Esprit. C'est par sa puissance que nous allons la chercher. Il se peut que le diable nous fasse une « jambette ». C'est lui le responsable de nos résistances, de nos pensées d'accusation. Et la meilleure stratégie offensive dans ce contexte de guerre est de nous relever et de continuer notre route avec encore plus de conviction. Tenons ferme avec les instructions du Seigneur et mettons notre adversaire en pièces. Zorobabel sera aplanie !

Tout est possible à celui qui croit ! Dieu, notre créateur, manifeste sa puissance lorsque nous mettons en lui notre foi, notre entière espérance et suivons ses instructions. Le Saint-Esprit bouge sur la Parole de Dieu. Si nous acceptons la volonté de Dieu sur nos vies, le Saint-Esprit bougera ! Ça ne sera pas par notre force ou nos multiples régimes, mais par la puissance du Saint-Esprit que cette montagne sera aplanie…

Décrétons et déclarons : « Selon la volonté de Dieu, que cette montagne de graisse et de tourments alimentaires soit aplanie pour toujours dans le nom de Jésus-Christ ! » Décrétons-le tous ensemble aujourd'hui et nous verrons le Saint-Esprit s'activer sur cette vérité !

Votre coach Martine

TOUT EST POSSIBLE POUR VOUS !

RÉFLEXION PERSONNELLE

Jour 53

INVOQUEZ DIEU !

Tu marcheras sur le lion et sur l'aspic,
Tu fouleras le lionceau et le dragon. puisqu'il connaît mon nom.
Il m'invoquera, et je lui répondrai ; Je serai avec lui dans la
détresse, Je le délivrerai et je le glorifierai. Je le rassasierai de
longs jours, Et je lui ferai voir mon salut.
Ps 91.13-16

La grâce de notre Dieu nous protège de l'adversaire et nous donne la puissance de marcher sur l'ennemi, le lionceau et le dragon ! La Parole de Dieu nous promet la délivrance, la protection et l'abondance en lui ! Alléluia !

Lorsque je criais à Dieu de me débarrasser du tourment de la nourriture, de toutes ces diètes qui m'épuisaient et rendaient mon corps malade, Il m'a fait comprendre qu'Il voulait me délivrer complètement de cette malédiction présente dans ma vie. Il voulait et Il m'a donné de beaux jours de liberté. Je glorifie son nom ! Il veut la même chose pour vous. Il ne fait aucune exception (Actes 10.34). Je peux vous assurer que lorsque nous invoquons le Seigneur, il nous répond ! Il dit qu'il sera avec nous dans la détresse. Cela ne veut pas dire qu'on n'aura plus jamais de détresse mais IL SERA AVEC NOUS EN TOUTE SITUATION ! NE LÂCHEZ PAS ! IL EST AVEC VOUS, IL VOUS COMBLERA DE LONGS JOURS HEUREUX ET VOUS VERREZ SON SALUT ! Continuez votre bon travail, Dieu est en train d'agir et vous le glorifierez ! Liberté et minceur en Jésus-Christ ! Amen !

Votre coach Martine

LORSQUE NOUS INVOQUONS L'ÉTERNEL
IL NOUS RÉPOND !

RÉFLEXION PERSONNELLE

Jour 54

DIEU EST AVEC VOUS !

Mais avec Dieu nous ferons des exploits,
C'est lui qui écrasera tous nos adversaires.
Psaumes 108.14

La Parole de Dieu nous démontre clairement que **Dieu bouge lorsque nous bougeons !** Ce passage nous dit que NOUS ALLONS faire des EXPLOITS AVEC DIEU ! Pas que Dieu fera tout et, nous, nous attendrons... NON !!!

Nous + Dieu = boum ! ☐

SA PUISSANCE AGIT À TRAVERS NOUS ! C'est pour cela
Que lorsque nous décidons de mettre notre foi en Dieu et d'avancer par la foi avec Ses instructions, nous faisons des exploits ! Oh alléluia ! Les instructions de Dieu pour notre corps, notre âme et la nourriture sont claires dans Sa Parole ! Lorsque nous les mettons en actions, nous avançons et Sa Gloire se manifeste car nous y croyons !!!

DIEU FAIT TOUTE CHOSE PARFAITEMENT. Il est en train
De replacer votre corps parfaitement ainsi que votre âme ! TERMINÉ L'ÉCHEC, TERMINÉ L'ABANDON, TERMINÉ LE DÉCOURAGEMENT... AVEC DIEU, NOUS FAISONS DES EXPLOITS, MAINTENANT !!!

DIEU EST FIDÈLE, IL NOUS AIME ET IL AIME QUE SA PAROLE SOIT PRISE AU SÉRIEUX ! Continuons d'avancer dans Sa Parole et Ses instructions et nous verrons tous, sa
Gloire ! Car avec Lui, nous faisons des exploits !

Votre coach Martine

DIEU EST FIDÈLE, IL NOUS AIME ET IL AIME QUE SA PAROLE
SOIT PRISE AU SÉRIEUX !

RÉFLEXION PERSONNELLE

Jour 55

REVENDIQUEZ VOTRE DROIT !

Or, le Seigneur c'est l'Esprit ;
Et là où est l'Esprit du Seigneur, là est la liberté.
2 Corinthiens 3 : 17

Jésus a tout porté à la croix pour que nous soyons libérés. La Parole de Dieu nous dit dans Jean 8.36 : « Si donc le fils vous affranchi, vous serez réellement libre. » Il fut très intéressant pour moi de constater après plusieurs années de combats avec la nourriture et l'embonpoint que je ne me sentais pas du tout libre ! Captive des diètes, prisonnière du tourment alimentaire, en combat constant avec mon estime et mon poids… lutte, combat, déception, découragement, captivité, douleurs, et j'en passe…

Jésus est venu pour nous libérer à tous égards et Il nous a envoyé le Saint-Esprit pour que nous vivions une liberté surnaturelle. Cette liberté ne peut que venir que du Seigneur ! Aucune, je dis bien, aucune diète ne peut donner la liberté que le Seigneur peut nous offrir.

Dès aujourd'hui, réclamez au Seigneur votre totale liberté en lui. Mettez toute votre confiance en Lui et faites pétition de vos droits ! Vous n'avez plus à rester captif de quoi que ce soit ! Votre pleine liberté inclue votre rapport avec la nourriture, avec votre estime et avec votre corps. La maladie brime les gens de marcher dans une pleine liberté. Ce n'est pas pour vous ! La Parole de Dieu déclare dans Romain 8.11 que le Saint-Esprit rendra la vie à votre corps mortel ! Votre corps doit se soumettre au Saint-Esprit qui
Est la **LIBERTÉ !**

J'APPELLE LA LIBERTÉ DANS VOTRE CORPS ! JE RÉCLAME DES MIRACLES SURNATURELS DÈS MAINTENANT DANS LE NOM DE JÉSUS-CHRIST !

Votre coach Martine

METTEZ TOUTE VOTRE CONFIANCE **EN LUI…**
ET FAITES PÉTITION DE VOS DROITS

RÉFLEXION PERSONNELLE

Jour 56

VOUS RECEVREZ PAR LA FOI !

Tout ce que vous demanderez
Avec foi par la prière,
vous le recevrez
Matthieu 21 : 22

La Parole de Dieu déclare qu'il nous sera fait selon notre foi (Mat.8.13). Tout ce que nous faisons avec le Seigneur doit être fait avec foi. Nous croyons que Dieu nous répondra, peu importe le temps, peu importe les circonstances, peu importe nos paroles. Nous savons qu'IL RÉPONDRA ! Alors comment vient la foi ? Elle vient de ce qu'on entend et ce qu'on entend vient de la Parole de Dieu (Rom 10.17). Alors plus on entend de la Parole de Dieu, plus notre foi augmente !

Lorsque vient le temps de prier, si notre âme est remplie de la Parole de Dieu, notre prière sera alors davantage dans la conviction de la vérité que dans des faits ! Notre foi résidera dans ce que Dieu nous promet plutôt que dans les pensées et les mensonges de l'ennemi. Pour tout ce qui concerne notre liberté avec la nourriture, notre corps et notre santé divine, remplissons notre âme de la vérité de Dieu. Réduisons à néant tous les mensonges de l'ennemi véhiculés dans le monde. PRIONS AVEC FOI, PRIONS EN CROYANT QUE DIEU NOUS ENTEND. CE QUE NOUS AVONS DEMANDÉ, NOUS EST DÉJÀ ACCORDÉ ET EST SUR LE POINT D'ARRIVER !

Dieu est bon et puissant ! Ce que nous demanderons avec FOI par la PRIÈRE, nous le RECEVRONS ! OH ! Gloire à Dieu ! Notre liberté est là, recevons notre victoire !

Votre coach Martine

CROYEZ QUE CE QUE VOUS AVEZ DEMANDÉ AVEC FOI EST SUR LE POINT D'ARRIVER !

RÉFLEXION PERSONNELLE

Jour 57

SOYEZ EN PARTENARIAT AVEC DIEU !!!

Jésus parla sévèrement au démon, qui sortit de lui,
Et l'enfant fut guéri à l'heure même.
Alors les disciples s'approchèrent de Jésus, et lui
dirent en particulier :
Pourquoi n'avons-nous pu chasser ce démon ?
Mais cette sorte de démon ne sort que par la
prière et par le jeûne.
Matthieu 17.18-21

En quoi consistait la tâche de Jésus sur cette terre ? Elle consistait à annoncer la bonne nouvelle du Royaume de Dieu, à rétablir le gouvernement de Dieu sur cette terre, à guérir les malades et à chasser les démons. Jésus nous a chargés de faire la même chose en son nom ! L'église contemporaine n'ose plus prier pour les malades de peur qu'ils ne soient pas guéris, ni chasser les démons accusant cette situation d'être charnelle…

Lorsque nous lisons les écritures, nous pouvons même constater que l'apôtre Pierre, après avoir affirmé que Jésus-Christ était le messie, fut influencé par Satan. Jésus a dit alors à Pierre : « Arrière de moi Satan…»

Il faut nous réveiller chers frères et sœurs et réaliser que notre combat est spirituel. C'est pour cela que nous avons besoin d'armes spirituelles telles que la prière et le jeûne pour mener ce combat dans notre vie. Le jeûne a une puissance spirituelle qui fait bouger les anges (Daniel 9) et qui amène de grandes victoires ! Si le diable veut nous empêcher de jeûner ou faire cesser notre jeûne en nous donnant des symptômes de nausées ou de faiblesse, prenons autorité et refusons de céder à ses stratégies ! PRIONS ET JEÛNONS car la victoire sera grande. ÇA VAUT LA JOIE d'investir et combattre avec les armes spirituelles de notre Dieu ! Jeûnons et Dieu fera sa part, Il nous accompagnera et combattra à nos côtés ! Alléluia !

Votre coach Martine

LORSQUE JE FAIS MA PART DE JEÛNER,
DIEU FAIT SA PART DE COMBATTRE !

RÉFLEXION PERSONNELLE

Jour 58

VOUS DEVEZ PRATIQUER LA PRIÈRE

Veillez et priez afin que vous ne tombiez pas dans la tentation.
L'esprit est bien disposé mais la chair est faible
Matthieu 26.41

La puissance de la prière est primordiale dans la vie chrétienne ! C'est une arme puissante et une voie directe au trône de notre Père Céleste ! Nous sommes privilégiés d'avoir accès à notre Dieu et de vivre une communion glorieuse avec notre Créateur ! C'est pour cela que le diable nous attaque en mettant toutes sortes de distractions qui nous empêchent de prier. Il sait que la prière est une arme puissante pour la victoire, la protection, la délivrance et la révélation !

Jésus a dit de veiller et de prier afin de ne pas tomber dans la tentation. Qui est le tentateur ? Qui incite notre chair à tomber ? Le diable n'est-ce-pas ? Donc le diable veut nous empêcher de prier afin que notre chair cède à ses tentations et que nous tombions. Ainsi il gagne du territoire, notre territoire...

Mes frères et sœurs, comprenons que Jésus ne nous donne pas, dans ce verset, une suggestion mais un ordre : « Veillez et priez ». Un ordre pour notre protection et notre réussite ! Soyons plus rusés que l'adversaire et restons disciplinés dans la prière !
La victoire nous appartient. La liberté avec la nourriture et la minceur est à nous maintenant ! Restons focalisés sur le bon combat et faisons en tout temps DES PRIÈRES ET DES SUPPLICATIONS. Lorsque nous prions, le Saint-Esprit bouge pour nous, les anges de Dieu se mettent en action et notre victoire s'active ! Alléluia !
PRIONS, PRIONS, car notre Dieu agit dans la prière faite avec foi !

Votre coach Martine

LORSQUE VOUS PRIEZ, LE SAINT-ESPRIT BOUGE, LES ANGES SE METTENT EN ACTION ET VOTRE VICTOIRE S'ACTIVE !

RÉFLEXION PERSONNELLE

VOTRE SOURCE DE JOIE EST EN DIEU

Ne vous affligez pas,
Car la joie de l'Éternel sera votre force
Néhémie 8 : 10b

Réjouissez-vous ! Réjouissez-vous toujours dans le Seigneur ! C'est la joie de l'Éternel qui vous donne la force. La joie vient de lui et est en Lui ! N'attendez pas que les circonstances soient parfaites pour être dans la joie… la vraie joie vient du Seigneur et Sa joie vous donne Sa force !

Aujourd'hui c'est une bonne journée qui commence ! Vous avancez peu importe ce que l'ennemi voudrait bien vous dire ! Vous avancez en révélations et lorsque les révélations sont intégrées dans votre âme… vous avancez ! La reprogrammation selon la Parole de Dieu fait son effet et détruit les virus de l'ennemi ! Réjouissez-vous !!!

Par la vérité de la Parole de Dieu semée dans votre âme, vous prenez de la force ! Réjouissez-vous de voir ce que Dieu est en train de faire et fera ! Réjouissez-vous que votre destinée soit meilleure que votre passé ! Réjouissez-vous que la Parole de Dieu soit plus forte, plus puissante que les faits que l'adversaire a pu créer dans votre vie ! Réjouissez-vous que votre créateur vive et qu'il soit avec vous ! Dieu est avec vous… réjouissez-vous donc car vous pouvez tout par celui qui vous fortifie !

Aujourd'hui, commandez à toutes pensées en désaccord avec la Parole de Dieu de vous quitter immédiatement. Vous êtes celui qui contrôle vos pensées et vos émotions… et non l'adversaire ! Allez, aujourd'hui prenez la décision de vous réjouir dans le Seigneur ! Peu importe les circonstances… réjouissez-vous ! Réjouissez-vous car votre RÉDEMPTEUR VIT ! Ce qui est impossible à l'homme est possible à Dieu ! Marchez dans votre pleine liberté en Jésus-Christ ! Que tout votre être se réjouisse de l'œuvre accomplie dans le spirituel. Alléluia !

Votre coach Martine

SI DIEU EST AVEC VOUS… RÉJOUISSEZ-VOUS !
CAR VOUS POUVEZ TOUT PAR CELUI QUI VOUS FORTIFIE !

RÉFLEXION PERSONNELLE

Jour 60

METTEZ DIEU EN PREMIÈRE PLACE

Fais de l'Éternel tes délices,
Et il te donnera ce que ton cœur désire.
Psaumes 37.4

Ce verset est un de mes préférés depuis ma jeunesse… (Depuis plus de 26 ans… wow !) Je l'ai fait peindre sur un magnifique tableau d'une dame qui venait à notre église et que j'ai conservé jusqu'à ce jour ! □

Ce verset m'a toujours encouragé à mettre Dieu en premier dans ma vie… Et, que si je mettais mon plaisir en Lui, j'aurais une vie au-delà de mes attentes ! Aujourd'hui, je peux vous dire que Dieu ne ment pas à Sa Parole et qu'Il est fidèle à ce qu'Il nous promet ! Malgré toutes les tempêtes, les obstacles, les hauts et les bas, Dieu est fidèle, Il nous aime et nous chérit !

Dieu veut tellement nous bénir et nous donner au-delà de nos espérances ! Il est un bon papa ! Comment des gens peuvent-ils penser que Dieu n'est pas concerné par notre estime personnelle et notre bien-être physique ? Dieu veut nous donner la santé, l'énergie, la force physique pour accomplir notre destinée et encore plus!

Accrochez-vous à Lui plus que jamais. Cherchez-le de tout votre cœur ! Aimez-le de toutes vos forces ! Mettez toute votre confiance en Lui et Il ne vous décevra pas ! Il vous donnera ce que votre cœur désire et bien meilleur encore. Votre estime, votre corps verra sa Gloire. Soyez ferme et augmentez votre DÉSIRE pour Lui et Il répondra aux DÉSIRS de votre cœur !

Votre coach Martine

AUGMENTEZ VOTRE DÉSIRE POUR LUI ET IL RÉPONDRA AUX DÉSIRS DE VOTRE CŒUR !

RÉFLEXION PERSONNELLE

Jour 61

COURAGE DIEU EST AVEC VOUS

Fortifie-toi et prends courage.
Ne t'effraie pas et ne
t'épouvante pas ; Car l'Éternel,
ton Dieu est avec toi dans tout
ce que tu entreprendras.
Josué 1.9

« Prends courage », voilà ce que l'Éternel répète trois fois à Josué dans ce chapitre lorsqu'il doit prendre possession de la terre promise. Pourquoi Dieu doit-il répéter cette phrase plusieurs fois ? Parce que le combat s'intensifie dans les pensées et les émotions lorsqu'on est sur le point de gagner. AUJOURD'HUI, FORTIFIONS-NOUS ET SACHONS QUE L'ÉTERNEL EST AVEC NOUS DANS CE COMBAT DE LA FOI POUR NOTRE VICTOIRE SUR LA NOURRITURE ET LA SANTÉ DE NOTRE CORPS !

Le courage nous est donné lorsque nous faisons confiance à Dieu. Le courage vient avec la foi. Le courage vient lorsqu'on décide de croire la Parole de Dieu malgré tout ce qui nous arrive. Le découragement vient lorsque la crainte et l'incrédulité nous envahissent, lorsque la voix de l'ennemi, le père du mensonge, est plus forte que la voix de Dieu. En tant qu'enfant de Dieu, nous ne devons pas nous laisser envahir par le découragement mais nous lever avec courage ! Nous devons arrêter de regarder nos échecs passés, nos erreurs ou nos limites. Fixons nos yeux sur le Seigneur. Si le diable nous dit que la victoire n'est pas là, que nous n'y arriverons pas ou qu'il nous la volera, cette victoire, répondons avec autorité : « Je suis déjà délivré et c'est pour toujours dans le nom de Jésus ». PRENONS COURAGE, FORTIFIONS-NOUS CAR LA TERRE PROMISE EST ENFIN ARRIVÉE !

Votre coach Martine

PRENEZ COURAGE, FORTIFIEZ VOUS !!!

RÉFLEXION PERSONNELLE

Jour 62

MENACEZ LES VENTS CONTRAIRES

Il leur dit : Pourquoi avez-vous peur,
Gens de peu de foi ? Alors il se leva, menaça les vents et la mer,
et il y eut un grand calme. »
Matthieu 8.26

Jésus lui-même a dit : " POURQUOI AVEZ-VOUS PEUR, GENS PEU DE FOI ?" Cela veut dire que là où il y a de la peur, il n'y a pas de foi ! La peur et la foi sont des valeurs complètement opposées mais elles ont un point en commun : **ce qui n'est pas encore arrivé va s'accomplir** ! Dans ce passage, les disciples avaient peur d'être submergés par les vagues. Ils pensaient qu'ils ne s'en sortiraient pas, qu'ils allaient mourir noyés mais Jésus a dit : " Où est votre foi ?"

Nous avons une leçon à tirer de cette lecture et cela pour tous les domaines de notre vie incluant celui de notre corps et la nourriture. Si vous voulez voir Dieu agir dans votre vie et changer la situation de votre corps, vous devez chasser la peur et avancer avec foi vers une victoire absolue ! Votre corps est le territoire de Jésus-Christ et le diable n'a aucun pouvoir sur celui-ci à moins que vous vous laissiez envahir par la peur.

Aujourd'hui, agissez selon la recommandation de Jésus. Menacez l'obésité, la fatigue, le découragement, le tourment alimentaire et vous ressentirez un grand calme. Par la foi, vous avez autorité sur toute adversité. Vous êtes plus que vainqueur en Jésus-Christ. Votre âme et votre corps reçoivent le shalom, la prospérité, la victoire que Jésus-Christ a déjà accompli sur la croix pour vous !

Marchez avec foi, avec la ferme conviction de votre victoire. Ne laissez aucune place au diable. FERMEZ LA PORTE DE LA PEUR POUR TOUJOURS. VOTRE CORPS VOUS OBÉIRA PAR LA FOI QUI AGIT EN VOUS !

Votre coach Martine

FAITES COMME JÉSUS ! MENACEZ L'OBÉSITÉ, LA FATIGUE, LE DÉCOURAGEMENT, LE TOURMENT ALIMENTAIRE ET VOUS VERREZ UN GRAND CALME !

RÉFLEXION PERSONNELLE